U0595257

十车道高速公路改扩建施工期交通组织设计研究

——广韶高速公路改扩建实践

何湘峰　闵　泉　王振龙　主编

武汉理工大学出版社

·武汉·

内 容 提 要

本书依托京港澳高速公路粤境清远佛冈至广州太和段(广韶高速公路)改扩建工程,从六车道保通断面参数、保通模式、保通设计速度、配套设施总体设计、重难点工程交通组织方案等方面系统地开展研究工作,提出十车道改扩建工程施工期六车道通行交通组织的关键技术和重难点路段的交通组织方案,以实现改扩建作业区交通的安全、有序、通畅和可持续发展等目标。全书共12章,主要内容包括:绪论、实例工程概况、国内外多车道高速公路改扩建工程研究现状、交通量分析及预测、施工期通行能力与服务水平、保通模式及保通车道数论证、区域路网分流研究、六车道保通断面参数研究、六车道保通模式研究、保通路段设计速度研究、重难点工程交通组织方案研究、交通组织配套设施设计研究。

图书在版编目（CIP）数据

十车道高速公路改扩建施工期交通组织设计研究 ： 广韶高速公路改扩建实践 / 何湘峰,闫泉,王振龙主编. -- 武汉 ： 武汉理工大学出版社,2024.6.
   ISBN 978-7-5629-7039-2

Ⅰ.U418.8

中国国家版本馆 CIP 数据核字第 2024N5W348 号

项目负责:陈军东   责任编辑:陈军东
责任校对:张娟娟   版式设计:冯 睿
出版发行:武汉理工大学出版社
         武汉市洪山区珞狮路 122 号   邮编:430070
         http://www.wutp.com.cn   理工图书网
         E-mail:chenjd @whut.edu.cn
经 销 者:各地新华书店
印 刷 者:广东虎彩云印刷有限公司
开   本:787×1092   1/16
印   张:13
字   数:300 千字
版   次:2024 年 6 月第 1 版
印   次:2024 年 6 月第 1 次印刷
定   价:128.00 元

凡购本书,如有缺页、倒页、脱页等印装质量问题,请向出版社发行部调换。
本社购书热线电话:027—87384729   027—87391631   027—87165708(传真)

十车道高速公路改扩建施工期交通组织设计研究
——广韶高速公路改扩建实践

审定委员会

主 任 委 员：王春生　　张世平

副主任委员：陈新华　　郭昱葵　　吕大伟　　高曙光

委　　　员：黄　觉　　廖鑫胜　　崔宏涛　　钟　敏　　李　勇

　　　　　　王玉文　　梁辉如　　张　坚　　梁　勇　　李　键

　　　　　　薛连旭　　邓　敏　　杨　涛　　卢　笛　　张立兰

　　　　　　刘文光　　严逸飞　　余文珺　　秦东旭　　余海军

编委会

主　　　编：何湘峰　　闵　泉　　王振龙

副 主 编：陈　玲　　郭志杰　　危春根　　王恩师　　邱自萍

编　　　委：陈亚振　　王　欢　　黄飞新　　张林妮　　刘　欢

　　　　　　李　培　　周秋明　　林健安　　陈安海　　李　串

　　　　　　龚　鑫　　薛育阳　　曾　卓　　王　领　　龙万达

　　　　　　万　奔　　高　阳　　罗　涛　　陈　晨　　周　颖

　　　　　　徐　博　　王　越　　吴　标　　童　渊　　周　涛

　　　　　　曾岳凯　　王亦丁　　罗丽群　　雷艺为　　谭谱林

　　　　　　赵　杨

前　　言

　　近年来随着我国交通强国发展战略的进一步深化,大规模高速公路改扩建建设迎来新一轮发展高潮,改扩建规模也由最初的"四改八",发展到"六改十"等超多车道高速公路改扩建模式,超多车道高速公路改扩建具有车道数多,交通量大,交通环境复杂等特点,其交通流特征和交通环境的变化均会影响高速公路施工期的通行效率和运行安全等。基于此,广韶高速公路改扩建管理处、中交第二公路勘察设计研究院有限公司、广东省路桥建设发展有限公司、武汉中交交通工程有限责任公司技术骨干共同成立了《十车道高速公路改扩建施工期交通组织设计研究——广韶高速公路改扩建实践》专著编写组。

　　本书参考现行的国家、地方、行业相关规范,依据实际工程经验编写而成,主要特色如下:

　　(1)整体结合编写单位近年承担的高速公路改扩建项目、地方工程应用项目等多个科研项目取得的成果,在总结高速公路改扩建工程项目的经验和教训的基础上,依托京港澳高速公路粤境清远佛冈至广州太和段(本书简称为广韶高速公路)改扩建工程,开展十车道改扩建工程施工期六车道通行交通组织的关键技术研究。

　　(2)调研总结国内外研究情况,针对依托项目开展区域路网、高速公路交通流、施工期通行能力及服务水平分析,研究区域路网分流总体设计、六车道保通断面参数、六车道保通模式、保通路段设计速度、交通组织配套设施设计等内容。

　　(3)针对十车道高速公路改扩建纵面调整路段、中心线偏移路段、桥梁顶升路段、隧道、枢纽互通、桥梁等重难点工程交通组织方案开展分析研究,并提出推荐的交通组织方案。

　　(4)针对书中的重点、难点内容,给出了相关设计示例,便于读者对高速公路改扩建交通组织相关理论方法与工程实践进行深入理解。

目　　录

第 1 章

绪　　论

1.1　研究的背景及意义

国内外对于高速公路改扩建交通组织方面的研究较为全面,但是针对"六改十"高速公路的改扩建交通组织方面研究得较少,并没有普适性的方法可依,未形成系统的分析评价体系,原有的理论、方法以及相关成果是否适用于"六改十"的改扩建工程项目,需要进行相关的研究和验证。

针对超多车道高速公路改扩建具有车道数多、交通量大、交通环境复杂等特点,如何保障"六改十"高速公路改扩建施工期的交通畅通,尽量减少和预防交通事故的发生,确保施工作业的安全,同时提高交通事故的救援响应效率,是改扩建施工中亟待解决的问题。

本书借助广韶高速公路改扩建(以下简称"广韶高速改扩建")的契机,开展十车道高速公路改扩建工程交通组织方案研究,对于提高改扩建道路的施工期交通组织效率、减少交通事故、实现有效救援的客观需求、确保行车安全和保持道路畅通具有重要意义。

1.2　研究的主要内容

1.2.1　区域路网交通分析研究

这个研究主题主要针对项目路和区域路网主要道路进行交通量分析与预测,分析项目路施工期通行能力,根据特征年预测交通量以及施工期通行能力,计算特征年的转移交通量。

（1）区域路网现状分析

主要是结合项目当前所处的区位进行分析，通过现场实地调研的方法完成。具体分析项目路所在路网的车道数、限速、道路条件，以及运营养护情况等，分析项目路段所在路网的交通量、服务水平。如广韶高速改扩建项目影响的区域路网包括 S1 广连高速、G0423 乐广高速、S14 汕湛高速、G45 大广高速、国道 G106、国道 G105 等高速和国（省）道。

（2）交通量分析及预测

主要分析项目路的交通量、出入口交通量、交通流量流向、交通构成等特性，预测施工期间项目路交通量。分析及预测区域路网范围内主要道路的交通量、服务水平、容差。

（3）施工期通行能力分析

综合考虑施工条件下各种通行能力的影响因素，对不同服务水平下的基本通行能力进行修正折减，得出各路段及瓶颈点通行能力。

（4）特征年转移交通量分析

按照"保安全、保畅通、保收费"的原则，广韶高速公路施工期间在不低于四级服务水平的情况下，不考虑强制分流。

根据特征年预测交通量及施工期通行能力，计算特征年的转移交通量。

1.2.2 交通组织总体设计研究

（1）六车道保通断面参数研究

国内常规高速公路改扩建通常为四车道改八车道，该类改扩建交通组织方案相对成熟。目前，对六车道高速公路改造成十车道及以上高速公路的改扩建工程在交通组织方案方面仍缺乏系统研究与总结。六车道保通工程实例少，可直接利用的工程经验或成果严重不足。

六车道保通断面布置方案研究：针对推荐的 52.5 m 断面宽度，开展不同车道宽度、不同侧向余宽条件的六车道保通断面布置方案研究。

六车道保通分车道行驶方案研究：利用断面布置方案研究的成果，开展分车道行驶方案研究，提出推荐的六车道保通断面布置方案和分车道行驶方案。

（2）六车道保通模式研究

结合高速公路改扩建项目的特点，对双侧保通 3＋2＋1 模式和单侧保通 3＋3 模式进行比选，确定推荐的六车道保通模式。

（3）保通路段设计速度研究

首先对国内外的相关资料进行调研，将得到的国外施工作业区的设计车速和国内施工区的实测运行车速作为项目的参考,然后采用道路条件相似的准六车道高速公路进行类比分析,经综合论证,得出保通路段的设计车速。

1.2.3　重难点工程交通组织方案研究

第 11 章针对依托项目的旦架哨隧道路段、升平枢纽互通路段、石门村路段、铺锦枢纽互通路段、马骝山森林公园路段等重难点工程,结合主体工程设计方案,开展交通组织方案研究,对十车道高速公路改扩建施工期隧道、枢纽互通、纵面调整路段、中心线偏移路段、桥梁顶升路段等重难点工程的交通组织方案开展研究,并提出了推荐的交通组织方案。

1.2.4　交通组织配套设施设计研究

第 12 章对临时交通安全设施、永久-临时结合护栏、机电设备门架拆除与安装等交通组织配套设施提出设计方案。

1.3　主要研究结论

1.3.1　保通模式及保通车道数

高速公路改扩建推荐采用边通车边施工模式。通过对保四、保五、保六通行车道数分析论证,从总体设计适应性、工程规模、交通管理难度、通行能力、行费损失、周边路网影响程度、转向交通量影响程度等方面进行综合比选,最终推荐采用保六通行方案,推荐方案为"六车道保通"模式。

1.3.2　区域路网分流总体设计

总体上,广韶高速改扩建工程施工期间在不低于四级服务水平的情况下,不考虑强制分流。佛冈—金盆段施工期间可维持四级及以上的服务水平,不考虑强制分流;金盆—太和段在施工期间为五级服务水平,需对金盆—太和段进行强制分流。此外,对特殊关键施工点(如上跨天桥等)可能需要强制分流某些车型;同时,在节假日车流量高峰期、发生交通事故、恶劣天气等情况下,需进行交通管制,分流部分车辆。

结合交通量分析情况,建议对广韶高速改扩建金盆—太和段六型货车进行分流,施工期间可维持四级及以上的服务水平。

广韶高速公路所承担的交通流可以概括为三种主要类型:一是长途过境交通,二是中长途区间交通,三是短途区内交通。长途过境交通和中长途区间交通分流路径为 S1 广连高速、G45 大广高速+S1 广连高速、G45 大广高速+从埔高速。短途区内交通分流路径选择国道 G105、G106。

1.3.3 六车道保通断面参数

综合考虑交通运行效率及交通冲突的影响,施工期六车道通行断面参数推荐方案为 1.5 m 中央分隔带+0.75 m 侧向余宽+3.75 m 货车道+3.5 m 客货车道+3.5 m 小客车道+0.5 m 侧向余宽+0.75 m 隔离设施设置宽度+0.5 m 侧向余宽+3.5 m 小客车道+3.5 m 客货车道+3.75 m 货车道+0.75 m 侧向余宽+0.75 m 土路肩。

1.3.4 六车道保通模式适用情况

单侧保通 3+3 模式适用于双侧拼宽一般路段、双侧拼宽抬高路段、双侧拼宽下挖路段、双侧拼宽老桥利用、双侧拼宽老桥拆除重建等情况。双侧保通 3+3 模式适用于单侧拼宽一般路段、单侧拼宽下挖路段、老桥单侧拼宽等情况。

1.3.5 保通路段设计速度

(1)保通路段设计速度

在对比国内外工程经验的基础上,广韶高速典型路段的 Vissim 模拟仿真结果表明,车辆平均速度均在 80 km/h 以上,交通状况畅通,未达到道路最大通行能力,车辆运行效率较高,能够满足施工期间交通需求;交通冲突数比例处于较低水平,行车安全水平较高。从交通安全角度和通行效率角度综合考虑,建议施工区保通路段设计速度采取 80 km/h。

(2)特殊工点保通设计速度

依据国内外规范调研与实际项目调研,拟定施工期间通过中央分隔带开口转换交通,或其他车道宽度受到限制的工况下采用 60 km/h 的保通设计速度。

1.3.6 交通组织配套设施设计

临时安全设施设计主要以施工组织、交通组织方案设计为基础,服务于施工组织、交通组织。临时安全设施按功能可分为临时分流的临时安全设施、用于保通的临时安全设施和用于安全施工的临时安全设施等。临时安全设施设计应尽量满足多种功能的需要，最大限度地发挥设施效益，为高速公路改扩建期间提供较完善的警示、诱导、隔离等安全服务。

由于改扩建工程工点复杂、交通组织阶段多、交通转换频繁等特点，临时安全设施设计应坚持以下设计原则：

"安全第一，预防为主"原则，提前预告、诱导交通，保障行车安全；

"通用性及可重复性利用"原则，避免重复投资造成浪费；

"易于施工、便于维护"原则，确保在交通转换阶段，可以便利地设置临时设施，出现破损情况能够快速更换。

高速公路改扩建施工区临时安全设施设计内容主要包括临时交通标志、临时标线、临时隔离设施、临时防护设施等。为满足施工区安全行车的需要，施工区安全设施的设置以主动引导为主，被动防护适度，隔离封闭，合理地进行施工图设计。

施工区临时安全设施设置时应注重车辆出行的方便性、舒适性，体现"以人为本、安全至上"的指导思想。

第 2 章

实例工程概况

2.1 工程经济区位概况

广韶高速公路,是国家综合立体交通网京津冀—粤港澳主骨架中京港澳高速公路(G4)的重要组成部分,是粤港澳大湾区中广州—清远—韶关—华中地区发展轴的重要支撑,是联系粤北山区通向粤港澳大湾区等地的纵向大通道,其在广东省乃至我国中南部地区公路网中的地位十分重要。自建成通车以来,京港澳高速公路对区域经济的快速发展起到了极大的拉动作用,是国家南北公路运输的大动脉。沿线各省市利用京港澳便利的通道资源进行产业布局,建成后交通量稳步增长,已成为全国最繁忙的交通通道之一。目前,京港澳高速沿线各省均已完成或正在进行改扩建建设。

随着珠三角地区社会经济的高速发展,现日均实际车流量约 7.8 万辆,最大交通量为 11.98 万 pcu/d,钟落潭—金盆段服务水平为三级,金盆—太和段服务水平已达到四级,交通量已经饱和,交通拥堵成为常态,影响车辆正常通行效率。随着交通量的持续增长,拥堵情况日趋严重,优质的出行要求与有限的通行能力之间矛盾突出,对国家公路安全、大通道通畅形成了较大影响,更不能适应粤港澳大湾区经济快速发展的需要。因此,广韶高速改扩建需求是非常必要且十分迫切的。

2.2 技术标准

根据工程可行性报告和沿线建设条件,广韶高速公路改扩建工程将原双向六车道高速公路改为双向十车道高速公路,综合考虑老路现状、互通立体交叉的分布情况及扩建应充分利用老路的需要,设计速度维持不变,仍采用 100 km/h,路基宽度52.50 m,其余各项技术指标按交通运输部颁布的《公路工程技术标准》(JTG B01—2014)执行,主要技术标准见表 2-1。

表 2-1　主要技术标准

序号	项目		技术标准
1	道路等级		十车道高速公路
2	设计速度(km/h)		100
3	路基宽度(m)	整体式	52.50
		分离式	26.25
4	平曲线极限最小半径(m)		440
5	平曲线一般最小半径(m)		700
6	不设超高最小半径(m)		4000
7	停车视距(m)		160
8	最大纵坡坡度(%)		4
9	一般最小竖曲半径(m)	凸形	10000
		凹形	4500
10	极限最小竖曲半径(m)	凸形	6500
		凹形	3000
11	最短坡长(m)		250
12	桥涵设计荷载		公路-Ⅰ级
13	地震动峰值加速度系数		0.05g
14	设计洪水频率		特大桥 1/300,其他桥涵和路基 1/100

2.3　项目交通特性

(1)日均交通量概况

2021 年 3—7 月每月日均交通量和 2021 年日均交通量分别见表 2-2、表 2-3。

表 2-2　2021 年 3—7 月每月日均交通量数据　　(单位:pcu/d,折算数)

路段	3月	4月	5月	6月	7月
佛冈—升平	77965	85508	85239	69916	77044
升平—汤塘	65361	70671	71437	57771	67339
汤塘—鳌头	56472	60549	59995	46808	56143

续表 2-2

路段	3 月	4 月	5 月	6 月	7 月
鳌头—机场北	64104	68486	66098	52051	62665
机场北—北兴	83412	85041	80811	65519	78736
北兴—钟落潭	86011	87960	83937	69151	82089
钟落潭—金盆	100851	98404	94024	79725	92884
金盆—太和	123073	124461	116974	94416	106083
全线平均	74852	78413	76208	61393	71704

表 2-3 2021 年交通量数据(日均交通量) 单位:pcu/d

路段	客车				货车						绝对合计	折算合计
	一类	二类	三类	四类	一类	二类	三类	四类	五类	六类		
佛冈—升平	22889	109	61	640	2220	1520	1580	1662	808	9995	41484	79867
升平—汤塘	18491	92	52	596	1821	1365	1384	1337	748	8714	34600	68073
汤塘—鳌头	21438	101	50	495	2059	1094	951	825	604	6075	33691	57209
鳌头—机场北	24964	149	75	566	2888	1324	1013	935	639	6404	38957	63991
机场北—北兴	33895	190	124	647	3300	2091	927	1261	1131	7168	50735	80347
北兴—钟落潭	36008	204	136	629	3547	2268	945	1294	1156	7258	53446	83564
钟落潭—金盆	45777	290	180	706	4107	2252	960	1388	1141	7394	64195	94890
金盆—太和	58379	336	225	834	5982	2688	1033	1503	1203	7864	80046	112923
全线平均	29385	162	94	602	2956	1595	1079	1155	812	7225	45064	73669

根据表 2-2、表 2-3 可知,除佛冈—升平段外,各路段交通量基本呈现由北往南逐渐增大的规律,但 2021 年因佛冈境内 G106 线大庙峡 2 桥、红光桥被认定为四类危桥,限制货车通行,部分货车选择高速出行,导致佛冈—汤塘段交通量高于汤塘—鳌头段交通量。

从 2021 年每月交通量变化情况来看,除 6 月交通量明显下降外,7 月广东省交通量开始增加,但翁源至新丰高速公路于 6 月 29 日通车,分流了广韶高速交通量。受此影响,7 月交通量虽然较 6 月呈大幅增长,但仍低于 3—5 月交通量。从全线平均交通量来看,2021 年全线平均交通量为 73669 pcu/d,与 2020 年的 78409 pcu/d 相比,下降 6.0%,主要因为机场第二高速于 2021 年 1 月通车和翁源至新丰高速公路于 6 月 29 日通车,对广韶高速交通量产生了分流。

(2)车型比例构成分析

从车型绝对数变化趋势来看,广韶高速一类车占比逐年增加,由 2011 年的 48.4%增至 2019 年的 72.7%,增长幅度最大,说明沿线区域经济社会的快速发展,带动了区域小客车交通出行需求的迅速增长。随着一类车占比增加,其他车型占比除二类车外,均有所降低,尤其是五类车降幅最大,达 13.1%。2019 年一类车占比最大,其次为五类车,再次为三类车,一类车至五类车的占比分别为 72.7%、2.1%、6.6%、1.5% 和 17.1%。

表 2-4　2021 年车型比例(绝对数)

路段	客车				货车						合计
	一类	二类	三类	四类	一类	二类	三类	四类	五类	六类	
佛冈—升平	55.2%	0.3%	0.1%	1.5%	5.4%	3.7%	3.8%	4.0%	1.9%	24.1%	100.0%
升平—汤塘	53.4%	0.3%	0.2%	1.7%	5.3%	3.9%	4.0%	3.9%	2.2%	25.2%	100.0%
汤塘—鳌头	63.6%	0.3%	0.1%	1.5%	6.1%	3.2%	2.8%	2.4%	1.8%	18.0%	100.0%
鳌头—机场北	64.1%	0.4%	0.2%	1.5%	7.4%	3.4%	2.6%	2.4%	1.6%	16.4%	100.0%
机场北—北兴	66.8%	0.4%	0.2%	1.3%	6.5%	4.1%	1.8%	2.5%	2.2%	14.1%	100.0%
北兴—钟落潭	67.4%	0.4%	0.3%	1.2%	6.6%	4.2%	1.8%	2.4%	2.2%	13.6%	100.0%
钟落潭—金盆	71.3%	0.5%	0.3%	1.1%	6.4%	3.5%	1.5%	2.2%	1.8%	11.5%	100.0%
金盆—太和	72.9%	0.4%	0.3%	1.0%	7.5%	3.4%	1.3%	1.9%	1.5%	9.8%	100.0%
全线平均	65.2%	0.4%	0.2%	1.3%	6.6%	3.5%	2.4%	2.6%	1.8%	16.0%	100.0%

从 2021 年车型比例来看,客车占比高于货车占比,客车占比为 56%~75%,其中一类客车占比最大为 53%~73%,其他类型客车占比很小;货车占比为 25%~44%,其中六类货车占比最大为 10%~25%,一类货车、三类货车和四类货车占比相差不大,五类货车占比最小。

对于客车,从佛冈至太和,客车占比呈增长趋势,尤其是一类客车占比从 55% 快速增加到 73%,表明受广州市经济社会的辐射影响,越靠近广州市区,小客车出行数量越多。

对于货车,从佛冈至太和,因客车交通量占比越来越大,除一类货车外,其他车型均基本呈递减趋势,特别是货车中占比最大的六类货车从 24% 快速下降到 10%。

(3)节假日交通量调查

根据节假日和非节假日调查,该段现有道路具有潮汐交通流特点,节假日下午时段的拥堵极为严重,非节假日上午时段的路况较好,交通较为畅通。

广韶高速改扩建工程项目拟于 2027 年年初建成通车,因此交通量预测特征年定为 2027 年、2030 年、2035 年、2040 年、2046 年、2051 年。预测基年为 2019 年,交通量预测结果(单位:pcu/d)如表 2-5 所示。

表 2-5 交通量预测结果(pcu/d)

路段	2027 年	2030 年	2035 年	2040 年	2046 年	2051 年
佛冈—升平	62668	69396	80444	89797	98354	106225
升平—汤塘	61402	67994	78819	87983	96367	104079
汤塘—民乐	63301	70097	81256	90704	99347	107298
民乐—鳌头	64251	71148	82475	92065	100837	108907
鳌头—铺锦	69675	77154	89438	99836	109350	118101
铺锦—机场北	68084	75392	87395	97556	106852	115404
机场北—北兴	74851	87524	103944	117295	129170	139161
北兴—钟落潭	78212	91454	108610	122561	134969	145409
钟落潭—良田	92521	106336	122623	134242	142374	148485
良田—金盆	92956	106836	123199	134873	143043	149183
金盆—太和	105992	120263	135552	144758	148570	150326
全线平均	72525	81433	94241	104474	113137	120716
年均增速	—	3.94%	2.96%	2.08%	1.34%	1.31%

2.4 项目特点

广韶高速改扩建项目控制因素众多、建设条件复杂,经分析研究,交通组织设计具有以下特点:

(1)项目定位高,社会关注度高

如图 2-1 所示,广韶高速为连通粤港澳大湾区与粤北的交通大动脉,是连通广州与清远、韶关等地的重要高速通道。项目定位要求高、社会关注度高,通过交通组织设计可以降低施工对交通运营的影响,保障施工期间的交通安全,减小社会影响。

(2)六车道保通难度大

①交通量巨大,保通实施难度高

现状日均实际车流量约 7.8 万辆,最大交通量为 11.98 万 pcu/d,钟落潭—金盆段服务水平为三级,金盆—太和段服务水平已达到四级,交通量已经饱和,交通拥堵成为常态。建设期交通量预测结果见表 2-6,预测施工期间日均车流量约 7.58 万 pcu/d。如何进行交通疏导和保证畅通,是项目实施的主要问题。所以,改扩建方案要充分考虑"全线六车道保通"要求,如何组织合理的疏导交通,完善现场的交通防护措施,将改扩建施工对高速公路和地方路网交通的影响程度降到最低,是项目实施最关键的内容之一。

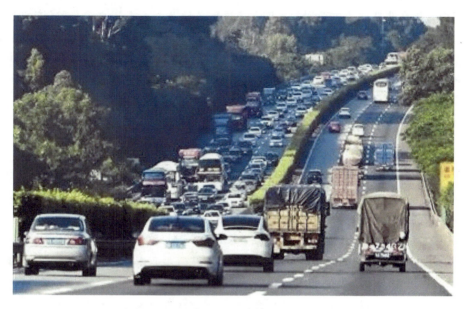

图 2-1　广韶高速

表 2-6　建设期交通量预测结果(单位:pcu/d)

路段	2023 年	2024 年	2025 年	2026 年
佛冈—升平	64459	65748	51782	53421
升平—汤塘	57863	59020	50736	52342
汤塘—鳌头	50818	52358	52305	53961
鳌头—铺锦	—	—	57570	59392
铺锦—机场北	56743	58492	56284	58066
机场北—北兴	70578	64643	62890	65594
北兴—钟落潭	73587	67399	65711	68537
钟落潭—金盆	84604	78188	77484	81530
金盆—太和	96642	89363	87467	92085
全线平均	64064	63256	60038	62338

②改扩建交通组织复杂,六车道保通难度大

广韶高速改扩建要综合考虑六车道保通断面布置、局部路段平纵面调整、互通改造、高边坡施工、上跨分离式桥梁拆除重建、路面加铺等因素,扩建施工对现有交通通行影响大,施工期间交通组织方案复杂。改扩建方案应按"全线六车道保通"要求,采用对既有道路影响最小的改扩建方案,避免建设方案不合理造成交通拥堵,达到安全畅通的目标。

③六车道保通工程实例少,可直接利用的工程经验或成果深度不足

国内常规高速公路改扩建通常为四车道高速公路改为八车道高速公路,该类改扩建交通组织方案相对成熟。现状六车道高速公路改成十车道及以上高速公路的改扩建工程在交通组织方案方面仍缺乏系统研究与总结。六车道保通工程实例少,可直接利用的工程经验或成果严重不足。

(3)特大城市近郊区的控制因素多、建设条件复杂,交通组织方案复杂

广韶高速区域途经广州市北侧近郊区,沿线经济发达、高度城市化,且沿途路网、河网密集,多条公路、轨道、市政道路、管线等与广韶高速交叉或并行,产业园、房屋建筑、军事用地、环境敏感点等较多,制约总体及路线方案和关键节点、重点工程的改扩建方案,需要纵坡坡度调整,双侧拼宽、单侧拼宽、分离新建等多种拼宽方式交织,如何对以上路段实施"保安全,保畅通,保施工",也是高速公路改扩建的重难点。

①旦架哨隧道路段(K2080+772.495—K2084+561.536)

如图2-2所示,旦架哨隧道路段的隧道洞身段基岩主要由千枚岩构成,局部夹变质砂岩,围岩Ⅳ~Ⅴ级。路线左侧为旦架山,右侧紧邻滃江和国道G106,隧道分线扩建较为受限。鉴于中间+右侧分离新建方案与各控制因素协调性较好、占地拆迁少、隧道工程规模小,初测阶段暂推荐中间+右侧分离新建方案。

图2-2 旦架哨隧道

②石门村路段(K2096+700—K2100+000)

石门村路段地势起伏较大,平纵线形组合复杂,含有全线最高的纵坡(坡度4%,设有爬坡车道),且对应坡长905.5 m,不满足现行规范要求;沿线共有7处高边坡,其中K2099+280处公路右侧五级高边坡坡顶有800 kV楚穗直流特高压铁塔,见图2-3。此外,本路段交通事故偏多。

石门村路段最大纵坡(坡度4%)及对应坡长(905.5 m)均满足规范要求,但纵坡坡长超出《公路工程技术标准》(JTG B01—2014)规定值。考虑到本路段线形指标较差且事故较多,改扩建工程对局部纵坡进行了优化,见图2-4,对纵坡调整路段有针对性地进行交通组织方案研究。

图 2-3　特高压铁塔、高边坡

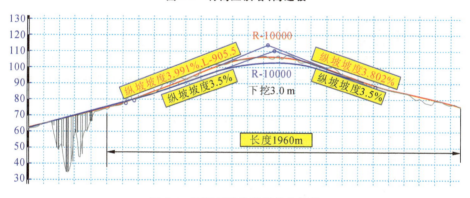

图 2-4　石门村路段纵面优化调整

③铺锦枢纽互通路段（K2115＋000—K2118＋100）

京港澳高速与佛清从高速在广州市从化区太平镇交叉（桩号 K2116＋388.258），设置铺锦枢纽互通（图 2-5）。京港澳高速设计速度 100 km/h，目前处于改扩建勘察设计阶段，将双向六车道扩建为双向十车道。佛清从高速设计速度 120 km/h，双向六车道，路基全宽 34.5 m，已处于施工阶段。

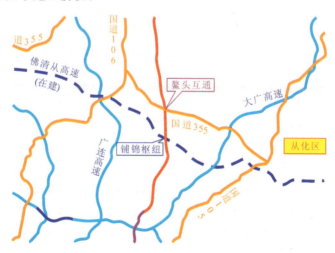

图 2-5　铺锦枢纽互通路段地理位置图

经核查,本路段现状平纵线形指标均满足现行规范要求。增设铺锦枢纽互通后,铺锦枢纽互通路段即成为互通立体交叉范围内主线,如表 2-7 所示,该路段部分设计指标值不满足现行设计规范关于互通范围主线相应指标要求。

表 2-7　线形指标核查表

线形指标			平面最小半径(m)	纵坡坡度	最小凸形竖曲线半径(m)	备注
现状指标值			6250	3.698%	10000	
规范值	主线	一般值	700	—	10000	
		极限值	440	4%	6500	
	互通段	一般值	1500	2%	25000	
		极限值	1000	3%	15000(17000)	
是否满足现行规范要求			是	否	否	

考虑到本路段将增设铺锦枢纽互通路段,初测阶段对不满足互通主线设计指标的纵坡进行了优化,扩建工程相应地开展本路段的交通组织方案研究,形成图 2-6 所示的优化方案。

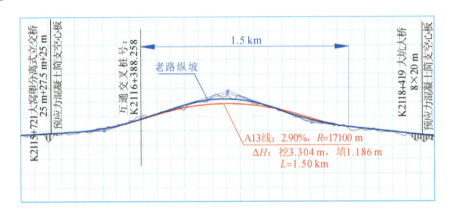

图 2-6　铺锦枢纽互通路段纵面优化调整

④马鬃山森林公园路段(K2120+000—K2124+609.497)

如图 2-7 所示,马鬃山森林公园路段含有扩建工程路段最小的,也是唯一的 800 m 半径圆曲线,高边坡共有 8 处,在公路两侧均有分布;路线穿越马鬃山森林公园,局部路段纵坡坡度较大,交通事故较多。

马鬃山森林公园路段最大纵坡坡度为 3.2%,对应坡长为 1048.5 m,均满足《公路工程技术标准》(JTG B01—2014)要求,但纵坡坡长超出《公路工程技术标准》(JTG B01—2014)规定值。考虑到本路段线形指标较差且事故频发,改扩建工程从优化平纵线形、提高行车舒适度角度出发,对局部纵坡进行了优化,针对本路段平纵线形调整,形成了施工期交通组织方案,如图 2-8 所示。

图 2-7　马骝山森林公园路段

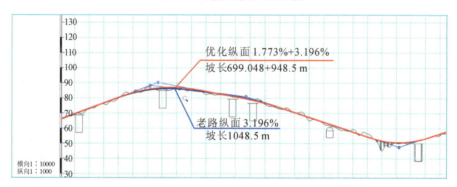

优化纵面 1.773%+3.196%
坡长699.048+948.5 m

老路纵面 3.196%
坡长1048.5 m

横向1:10000
纵向1:1000

图 2-8　马骝山森林公园路段纵面优化调整

⑤机场北枢纽以北路段

机场北枢纽以北路段(图 2-9)涉及改线及纵坡调整路段。

图 2-9　机场北枢纽以北路段现状

⑥涉国道、快速路、铁路等路段

如图 2-10 至图 2-13 所示,改扩建工程多处跨快速路、国道、省道路段。

图 2-10　钟落潭互通涉地方道路现状

图 2-11　钟落潭互通涉铁路和快速路现状

图 2-12　和龙段涉铁路现状

图 2-13　和龙高架桥跨越地方道路现状

(4)互通限制条件多,改造方案复杂,交通组织保通方案复杂

如图 2-14 至图 2-16 所示,本工程涉及的交通枢纽较多,互通限制条件多,改造方案复杂,交通组织保通方案复杂。如升平枢纽互通主线桥和匝道桥跨越广韶高速时桥下预留空间不足,不满足十车道扩建要求。新增的民乐、良田互通限制条件较多,部分既有互通拥堵呈常态化,且与路网交叉,关系复杂,因此改造方案复杂。如何进行施工期保通,保证改扩建方案合理可行,是互通交通组织需要研究的重难点。

图 2-14　机场北枢纽现状

图 2-15　金盆枢纽现状

图 2-16　太和枢纽现状

2.5　项目土建总体方案

2.5.1　路线走向及主要控制点

项目路段路线总体呈南北走向,起点位于清远市佛冈县石角镇佛冈互通(桩号 K2077+400),路线在赤岭村转向正南后设旦架哨隧道穿越山体,至升平村与汕湛高速交叉设升平枢纽立交,跨越黄花河后路线继续向南至汤塘镇设汤塘互通,并先后跨越四九河、省道 S354,经石门村进入广州从化区,在鳌头镇跨越民乐河并先后设置民乐互通(新增,接县道 X286)、瓦窑岗服务区及鳌头互通(接国道 G355),至大窝塱村与佛清从高速交叉新增铺锦枢纽立交,路线继续南行至广韶高速改扩建项目终点,位于从化区太平镇马骝山森林公园(桩号 K2124+609.497),主线全长 47.210 km。

项目经过的主要河流有四九河、潖江、黄花河、民乐河等。交叉的主要公路有汕湛高速、佛清从高速、国道 G355、国道 G106、省道 S354 等。

主要控制点:旦架哨隧道、潖江、黄花河、碧桂园小区、升平枢纽互通、烈士陵园、马骝山森林公园等。

2.5.2　主要工程规模

广韶高速改扩建工程项目主要规模如表 2-8 所示,其中工程量偏差是指初步设计的工程数量与工程可行性论证的工程数量的差值。

表 2-8　主要工程数量表

序号	项目		单位	工程可行性论证数量	初步设计数量	工程量偏差	备注
1	路线长度		km	47.212	47.210	−0.002	
2	路基土石方	挖方	万 m³	559.1513	770.222	+221.0707	
		填方		252.9528	488.886	+235.9332	
3	排水与防护		km	42.374	42.374	0	
4	路面(沥青)		km²	2144.152	2336.900	+192.748	
5	特大、大桥		m/座	2992.82/15	3210.15/16	+217.33/1	
6	中、小桥		m/座	1004.13/28	1626.73/44	+622.60/16	
7	涵洞、通道		道	172	159	−13	
8	隧道		m/座	1280	770	−510	旦架哨隧道左幅
				860	850	−10	旦架哨隧道右幅
9	桥隧比		%	8.575	11.922	+3.347	
10	互通式立交		处	5	5	0	新增民乐互通
11	分离式立交		座	10	14	+4	
12	服务区		处	1	2	+1	
13	停车区		处	1	0	−1	

2.5.3　路线总体方案

广韶高速改扩建工程 SJA1 标段初步设计阶段方案严格遵循"利用与改扩建充分结

合、建设与运营相互协调"的原则,充分利用既有道路资源。在初步设计阶段,对项目沿线进行了详细调查,结合地方意见,确定本标段路线方案以两侧拼宽改扩建为主,局部采用分离改扩建或单侧改扩建,改扩建方式见表2-9。

表 2-9 SJA1 标段改扩建方式一览表

序号	起讫桩号	里程(km)	主要控制因素	改扩建方式
1	K2077+400—K2080+772.495	3.372	佛冈互通、佛冈停车区	两侧拼宽
2	K2080+772.495—K2084+561.536(旦架哨隧道路段)	3.789	旦架哨隧道、佛冈停车区	分离增建(中间+右侧)
3	K2084+560—K2086+000	1.440	基本农田	两侧拼宽
4	K2086+000—K2091+999.970(升平枢纽至汤塘互通路段)	6.000	升平枢纽互通、国道G106、国防光缆、天然气管道、碧桂园小区商业用地、金龟泉度假村商业用地、沿线桥梁	单侧扩建(左侧分离增建)
5	K2092+000—K2094+600	2.600	汤塘互通、S354省道	两侧拼宽
6	K2094+600—K2096+700(新塘村路段)	2.100	汤塘烈士陵园、天桥	右侧拼宽
7	K2096+700—K2100+000(石门村路段)	3.300	坡长超标、交通事故、800 kV特高压铁塔、高边坡	左侧拼宽
8	K2100+000—K2115+000	15.000	国道G355、县道X286、鳌头互通、瓦窑岗服务区、民乐互通、基本农田	两侧拼宽
9	K2115+000—K2118+100(铺锦枢纽互通路段)	3.100	互通区域纵面线形超标、佛清从高速	
10	K2118+100—K2120+000	1.900	高边坡、基本农田	
11	K2120+000—K2124+609.497(马骝山森林公园路段)	4.609	坡长超标、马骝山森林公园	右侧拼宽

2.5.4 路基路面总体方案

根据总体方案,广韶高速扩建方式以两侧拼宽为主,单侧拼宽为辅。

如图 2-17 所示,路基加宽方式主要采用路基两侧整体式拼宽,拼宽后标准断面为双向十车道,路基标准宽度为 52.5 m(暂定),横断面的组成为行车道宽 2×(5×3.75 m),右侧硬路肩宽 2×3.00 m,中央分隔带及左侧硬路肩宽度为 1.5 m+2×3.0 m、土路肩宽为 2×0.75 m,设计时速采用 100 km/h。

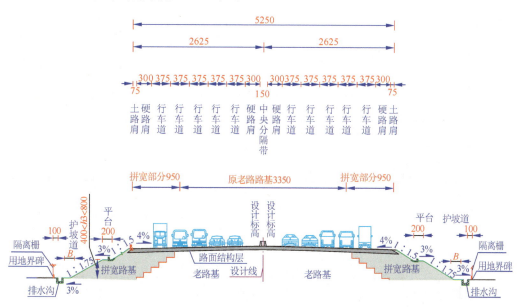

图 2-17　改扩建后路基标准断面图(整体式十车道)

2.5.5　桥梁总体方案

SJA1 标段既有大桥 2992.82 m/15 座、中桥 682.13 m/10 座、小桥 377.5 m/19 座,根据路线总体方案,桥梁改扩建主要以两侧拼宽扩建为主,局部路段存在分离新建桥梁。

改扩建后大桥 3210.15 m/16 座、中桥 774.23 m/11 座、小桥 377.5 m/19 座,见表2-10。

表 2-10　改扩建后桥涵一览表

类别		座数	拆除重建(m)	更换上构(m)	分离新建(m)	利用(m)
大桥16座	利用拼宽	8				1670.24
	上构换板	1		165.24		
	分离新建+利用	6			579.0	578.67
	分离新建	1			217.0	
	合计	16		165.24	796.0	2248.91

续表 2-10

类别		座数	拆除重建（m）	更换上构（m）	分离新建（m）	利用（m）
中桥11座	利用拼宽	5				376.54
	拆除重建	1	96.4			
	上构换板	3		178.085		
	分离新建＋利用	1			30.45	
	分离新建	1			65.0	27.75
	合计	11	96.4	178.085	95.45	404.29
小桥19座	上构换板	18		348.5		
	分离新建＋上构换板	1		14.5	14.5	
	合计	19		363.0	14.5	
涵洞		利用既有结构拼宽扩建107道				
通道		利用既有结构拼宽扩建62道				
分离式立交（天桥）		拆除重建9座				

根据扩建加宽设计原则，本合同段扩建桥梁结构形式、跨径、跨数原则上与老桥一致，拼宽侧墩台轴线由老桥的轴线延长顺接。桥梁拼接原则上采用上部构造相互连接、下部构造不连接的拼接方式。

SJA1标段既有大、中桥上构形式主要有30 m预应力混凝土刚构/简支T梁，25 m预应力混凝土简支空心板，16 m、20 m预应力混凝土简支小箱梁，13 m、20 m预应力混凝土简支空心板等；既有小桥上构形式主要有10 m、16 m预应力混凝土简支空心板和6 m、8 m钢筋混凝土现浇板。

2.5.6 隧道总体方案

广韶高速公路改扩建项目全长约72.4 km，既有隧道1座——旦架哨隧道，位于广东省佛冈县县城南约5 km处，走向接近南北向，为上下行分离式六车道高速公路隧道，左右洞室测设线间距70 m，最大埋深约150 m。左线起讫桩号ZK240＋035—ZK240＋770，全长735 m。右线起讫桩号YK240＋135—YK240＋920，全长785 m。

改扩建工程根据沿线地形条件及控制因素，推荐方案（中间＋西侧分离扩建）如下：利用既有隧道中间空地，在中间和西侧各新建单洞三车道隧道。改扩建设计方案共设隧道1座，折合双洞长度807.5 m。隧道建设规模如表2-11所示。

表 2-11 隧道建设规模

序号	隧道名称	起讫桩号		长度（m）	建筑限界（宽×高）（m）	车速（km/h）	洞门型式	
							进口	出口
1	旦架哨隧道	右线	A1YK2082＋478 A1YK2083＋326	848	14.75×5	100	端墙式	端墙式
		左线	A1ZK2082＋420 A1ZK2083＋187	767			端墙式	端墙式
			推荐方案合计	807.5				

2.5.7 路线交叉及服务设施总体方案

改扩建工程项目原有佛冈互通、升平枢纽互通、汤塘互通及鳌头互通共 4 处互通；现设置佛冈停车区、瓦窑岗服务区共 2 处服务设施。互通立交最大间距 14.91 km，最小间距 3.17 km，平均间距 7.52 km，最终确定本标段互通建设情况如表 2-12 所示，具体见图 2-18。

根据《广东省高速公路服务区布局规划（2020—2035 年）》，结合沿线服务设施布置，佛冈停车区提升为服务区，瓦窑岗服务区原位扩建，同时结合现有互通及服务区间距等条件，同步研究佛冈服务区移位至佛冈互通处合并建设可行性，最终确定本标段服务设施的设置，如表 2-13 所示，具体见图 2-19。

表 2-12 SJA1 标段互通式立体交叉一览表

编号	互通名称	中心桩号	被交路名称	原互通形式	拟扩建形式	立交中心间距（km）	备注
1	佛冈互通	K2078＋800	国道 G106、振兴南路	A 型单喇叭	A 型单喇叭	23.02	原位扩建
2	升平枢纽互通	K2087＋826	汕湛高速	单环变形苜蓿叶	单环变形苜蓿叶	9.03	原位扩建
3	汤塘互通	K2092＋377	国道 G106	B 型单喇叭	菱形	4.55	原位扩建
4	民乐互通	K2107＋290	县道 X286		A 型单喇叭	14.91	新建
5	鳌头互通	K2113＋211	国道 G355	双喇叭	双喇叭	5.92	原位扩建

表 2-13　SJA1 标段服务设施一览表

编号	名称	中心桩号	现状场区规模（亩）	拟扩建场区规模（亩）	拟扩建等级	服务设施中心间距（km）
1	佛冈服务区	YK2080＋100 ZK2081＋300	30＋30	60＋60	Ⅱ类服务区	21.2
2	瓦窑岗服务区	K2109＋650	40＋48	150＋150	Ⅰ类服务区	29.0

图 2-18　全线互通布设示意图

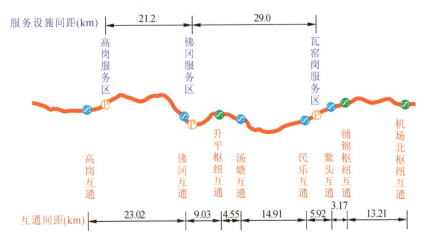

图 2-19　互通及服务设施间距示意图

（1）佛冈互通＋佛冈服务区

佛冈互通原位扩建,匝道顺接扩建后的主线;根据交通量预测结果,佛冈县城往返广州方向匝道采用双车道;由于主线桥净宽及净空高度均不满足扩建后的需求,需调整主线桥跨径为 3×30 m,同时将 L 匝道下挖;匝道收费广场的收费车道数采用 7 进 8 出。

佛冈服务区韶关方向侧场区与旦架哨隧道距离较近,净距仅 810 m,根据事故黑点统计,此路段易发生交通事故。广州方向侧原位扩建挖方较大,工程规模大,故本方案将两侧场区北移,与佛冈互通合并设置,见图 2-20。

该方案韶关方向侧服务区距隧道较远,能有效避免因隧道洞口光线明暗变化及车道分流引起的交通事故,且无须设置辅助车道,广州方向侧减少了挖方规模,且无须设置集散车道;但服务区北移后,新增用地较多,地方车辆无法进出服务区。

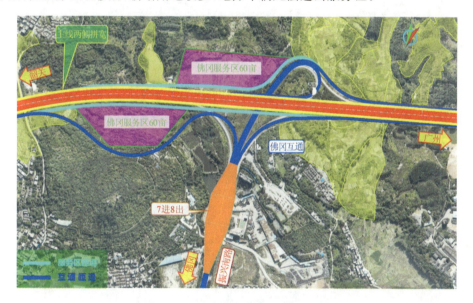

图 2-20　佛冈互通＋佛冈服务区方案

（2）升平枢纽互通

如图 2-21 所示,升平枢纽互通主线为东侧分离新建五车道主线,互通将不满足扩建条件的 B、D 匝道桥拆除,原位重建匝道桥上跨主线;在原匝道旁新建 B1、D1 匝道,将原 B、D 匝道用于施工期保通;主线西侧匝道保持原状,东侧匝道局部调整,顺接扩建后的主线。

（3）汤塘互通

如图 2-22 所示,为方便广佛产业园的交通车辆快速上下高速,改扩建工程采用菱形方案;设置两处收费站,匝道收费广场的收费车道数采用 3 进 5 出。

该方案预留了广佛产业园接入的条件,可分期实施,但广佛产业园车辆与国道 G106 之间的车辆需通过省道 S354 或其他产业园规划道路绕行。

图 2-21 升平枢纽互通方案

图 2-22 汤塘互通方案

（4）民乐互通（新增）

结合工程可行性论证意见、预测交通量、周边路网分析、现场实际情况及地方诉求，民乐互通采用 A 型单喇叭形式，与京港澳高速交叉桩号为 K2107＋290，匝道上跨主线，匝道收费广场的车道数采用 3 进 4 出，见图 2-23。

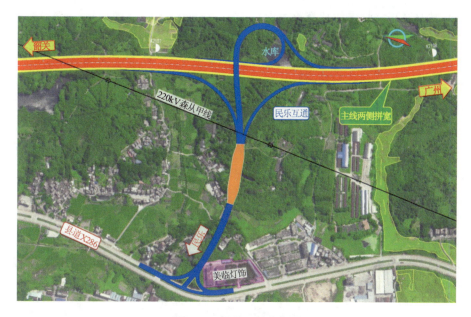

图 2-23 民乐互通方案图

（5）鳌头互通

如图 2-24 所示，鳌头互通原位扩建，仍采用 A＋A 型双喇叭形式，收费站西侧匝道顺接扩建后的主线，收费站东侧匝道保持现状；由于 A 匝道现状净空高度为 4.9m，不满足扩建后的需求，需将 A 匝道下挖；匝道收费广场的收费车道数仍采用 3 进 5 出。

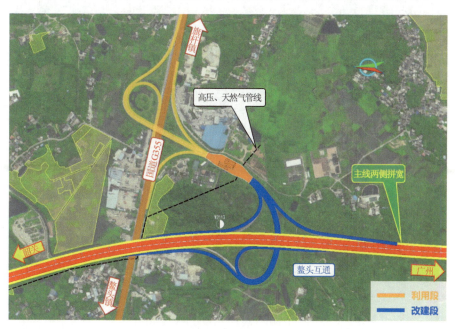

图 2-24 鳌头互通方案

（6）铺锦枢纽互通（佛清从高速建设）

铺锦枢纽互通是连通项目公路与佛清从高速公路的枢纽。佛清从高速公路北段是清远市公路网规划中高速公路主骨架的一条横线、广州市"四环十八射十五条重要公路"公路网规划的第二条和第六条重要公路；是京港澳高速公路、广乐高速公路、广滑高速公路三条高速公路主干线向珠三角两翼辐射的联络线；是清远与佛山、江门、东莞、深圳等地连通的快速通道；是清远市高速公路环线的重要组成部分，可在近期建立清远与河探之间的快速通道。工程建设船有效减轻珠三角环线的交通压力，对于促进广东省北部地区与珠三角发达地区的经济交流具有重要意义。

（7）瓦窑岗服务区

如图 2-25 所示，瓦窑岗服务区现状为两侧场区呈对称布置，中心桩号为 K2109＋650，其中南行场区面积约为 40 亩，北行场区面积约为 48 亩。根据《广东省高速公路服务区布局规划（2020—2035 年）》，瓦窑岗服务区规划为Ⅰ类服务区，初测阶段拟扩建至300 亩，不占用基本农田保护区。

图 2-25　瓦窑岗服务区方案

第 3 章

国内外多车道高速公路改扩建工程研究现状

3.1 国外多车道高速公路改扩建工程研究现状

由于欧美发达国家高速公路的建设起步较我国早,高速公路网已基本建成,因此,他们对高速公路施工交通组织与通行能力已有较多研究。最早开展对公路施工区交通安全、交通组织和通行能力研究的地区是美国的得克萨斯州。早在 1979 年,S. H. Richards 和 C. L. Dudek 对高速公路养护施工管理策略开展研究[1],随后,两人继续对高速公路施工区的通行能力进行了研究(1982)[2]。1981 年,M. J. Faulkner 和 S. H. Richards 又对施工区的交通安全及交通控制进行了研究[3]。此后,施工区的各专项研究越来越受到全美各交通部门和研究机构的重视。

1987 年,Janson 等人为减轻作业区的影响做了各种努力,包括优化作业区的交通组织,合理的交通控制方法,合理的车道封闭位置及合理的作业区长度等[4]。

美国宾夕法尼亚州交通局提出了一种作业区合流交通控制方法,具体做法是让驾驶员充分利用全部车道行驶,到作业区附近某一点时再进行合流。这样可以有效地避免道路交通流混乱,缩短排队长度[5]。1971 年,美国联邦公路管理局(FHWA)负责管理和出版《交通控制设施手册》(MUTCD),截至 2000 年,MUTCD 共出版了 8 版。MUTCD 给出了各种道路在进行养护维修等工作时,在作业区范围内进行交通控制所用到的交通控制设施的设计、使用、设置的一般原则和标准,这本手册是美国的行业标准[6]。1981 年,Pain、McGee 和 Knapp 在他们进行的有关高速公路作业区交通控制策略评价的报告中就提出,通过作业区的车流平均速度随车道封闭形式(左侧车道封闭、右侧车道封闭还是中间车道封闭)、使用的交通控制设施,以及作业区在道路上所处的位置的不同而变化很大[7]。2002 年,美国爱荷华州州立大学的交通研究及教育中心(CTRE)开展了对乡村州际公路施工区合流区域的交通管理战略的研究[8]。此外,美国 HCM(Highway Capacity Manual)也对高速公路施工作业区通行能力进行了集成研究(2003)[9]。

美国 Kim、Lovell 和 Paracha 在他们的研究报告中总结了影响高速公路养护维修区通行能力的几个独立因素,包括①封闭和开放的车道数目;②封闭车道的位置;③大车混入率;④离封闭车道的侧向余宽;⑤施工区长度;⑥道路纵坡坡度;⑦施工区强度;⑧驾驶员类型;⑨施工持续时间;⑩大气情况等。他们利用从各州采集到的数据,建立了一个考虑了封闭车道数、封闭车道位置、大车混入率、离封闭车道的侧向余宽、施工区长度、道路纵坡坡度几个主要影响因素的回归方程[10]。Sarasua,Davis,Clarke,Kottapally 和 Mulukutla(2004)提出了施工区通行能力的修正模型,并且在模型开发过程中对施工区数据的采集和分析方法进行了总结。Benekohal,Kaja-Mohideen 及 Chitturi 在考虑了施工区道路、交通条件以及施工密度等因素的情况下,通过大量的现场调查数据,开发了施工区的速度-流量曲线来估算通行能力,这种方法为道路的设计者和规划者提供了有力的依据。

3.2   国内多车道高速公路改扩建工程研究现状

国内施工路段的交通组织方面,主要有交通运输部及各省所属地方部门制定的施工路段管理办法。此外,《道路交通标志与标线》和各省制定的交通安全设施设计规范也对施工路段安全标志的设置作了相应的规定,并给出了部分施工情形下的施工交通组织方案,公安部发布的《道路交通标志与标线 第 4 部分:作业区》(GB 5768.4—2017)补充了道路作业人员的着装和作业车的标记。

2022 年,由中交第二公路勘察设计研究院主编的《高速公路改扩建交通组织设计规范》(JTG/T 3392—2022)正式发布,同时高速公路改扩建工程起步较早的部分省份经过多年项目建设,对交通组织的认识也越来越深刻,并逐步形成了自己的习惯做法,并正在或已经用地方标准、团体标准对交通组织的相关技术进行规范化的尝试。如:广西壮族自治区依托区内高速公路改扩建工程项目经验,编制了广西地方标准《高速公路改扩建工程交通组织技术规范》(DB45/T 2225—2020);四川省交通运输厅发布了《四川省高速公路改扩建施工保通保畅指南》(2020 年实施);广东省交通运输厅发布的《广东省高速公路改扩建期间交通组织与安全防护技术指南》(试行版)等相关技术规范。其他省份也有类似相关的技术总结成果,如江苏、浙江等省份,而其他省份(如江西、山东、安徽等)依托各自的高速公路改扩建项目经验也在尝试作相应的技术总结。

吴新开和吴兵(2004)分析了施工区各种速度控制方法,并对其中某些方法进行了综合和改进[11]。长安大学的张丰焰、周伟和王元庆(2006)从理论上对交通组织进行初步探讨,但缺乏结合具体工程的系统研究[12]。冯道祥(2006)利用仿真技术对高速公路改扩建保通方案进行了分析和评价,但是仅对平原微丘地区的双侧加宽改建有借鉴意义,而没有研究平原微丘地区高速公路单侧加宽改建或山区高速公路单、双侧加宽改建,另外也没有考虑改扩建工程施工期间雨、雪、雾等恶劣天气下的保通预案[13]。我国目前主要采取合理的交通分流、必要的临时交通工程设施,分阶段对大货车、全部货车进行限制,并根据工程需要设置临时路牌、警告灯、临时护栏等临时交通工程设施,以保障交通安全、加快施工进度。广东冠粤路桥有限公司的姚斌以广佛高速公路大修工程路段施工项目为背景,对高速公路基本路段的保通方案进行了试验研究,通过试验段分析归纳出了双向八车道路段具体的施工交通组织实施方案和双向六车道路段具体的施工交通组织实施方案[14]。江苏省交通工程有限公司的龚万斌、曹志林和陈树杰结合沪宁高速公路丹阳互通立交改建工程,对互通式立交改建过程中的保通实施方案进行了一定的研究[15]。

周茂松、吴兵、盖松雪(2004)应用 Vissim 仿真软件对车道封闭型式、大车率、坡度、作业区长度等几个影响因素进行了微观仿真分析[16],并得出上述影响因素对作业区通行能力影响的程度从大到小为车道封闭型式和封闭车道的侧向距离、一定大车率情况下的坡度、大车率、作业区长度。但由于该研究在 Vissim 中设定的施工区道路交通条件与实际的相差较大(如仿真时 Vissim 没有设置锥形区及禁止超车等标志),因此模拟精度受到了影响。冯超铭(2004)从高速公路养护作业施工路段交通安全的角度出发,分析施工路段的分段组成,阐述施工路段交通标志的设置,并引用、比较了国外文献资料介绍的设置参数,介绍了流动作业车辆的施工安全防护[17]。

李永义(2006)对高速公路施工路段各控制段的长度、施工路段限速及安全设施等方面进行过研究,但是没有对不同的交通组织形式下高速公路施工路段的通行能力进行深入研究[18]。2005 年,何小洲、过秀成和吴平在大量交通调查的基础上,对作业区行车道、超车道和合流车道的车头时距分布,各控制区的地点车速的频率分布和空间分布,车道占有率以及车辆汇入特征进行了分析,为作业区的交通安全研究和管理提供了一定的依据[19]。李硕和谌志强(2006)通过对高速公路交通标志形状、颜色以及标志版面的尺寸、反光材料的选择等方面进行分析,并结合高速公路加宽改扩建的施工组织和交通组织特点,提出了高速公路加宽改扩建中临时交通标志的设计方法和设置原则[20]。

我国高速公路改扩建相对于发达国家发展较晚。20 世纪 90 年代前期,我国高速公路建设以新建为主,关于高速公路改扩建工程的研究较少,相关的交通组织经验也较为欠缺。20 世纪 90 年代中后期,我国经济发展突飞猛进,极大地带动了交通运输事业的发展,原有高速公路通行能力越来越无法适应急剧增长的交通量需求,我国高速公路开始逐步进入改扩建期。此后,国内工程技术人员对高速公路改扩建方式与交通组织形式的总结见表 3-1。

表 3-1 典型高速公路改扩建工程的改扩建方式与交通组织形式

序号	改扩建项目	地形特点	改扩建方式	交通组织形式
1	沈大高速公路	平原微丘	由双向四车道双侧直接拼接为双向八车道	第一年不对原有道路进行封闭,实施道路路基、桥梁两侧拓宽;第二年将原有道路一侧封闭,另一侧保持通行;第三年变换原有道路两侧封闭状态,最后实现双向行驶
2	沪宁高速公路	平原微丘	由双向四车道双侧直接拼接为双向八车道	采用"两侧拼宽为主、局部分离为辅"的改扩建方案。在进行改扩建施工时,高速公路一般路段和一部分互通采用一侧施工一侧通行的交通组织方案;其他互通侧进行封闭施工
3	广佛高速公路	平原微丘	由双向四车道双侧直接拼接为双向六车道、八车道	采用了外部分流和内部转换相结合的方式,在车辆较多的路段可以选择和原有道路平行的分流道路,在车辆较少路段采用内部转换方式
4	沪杭甬高速公路	滨海湖沼、平原地带	由双向四车道双侧直接拼接为双向六车道、八车道	桥梁改扩建时,为了避免双向车辆在同一侧通行,考虑在施工的一侧对行车进行交通控制
5	连霍高速公路郑州段	平原微丘	由双向四车道双侧整体拓宽为双向八车道	在改扩建工程施工期间通过限速不断行交通并配套一系列交通工程设施和交通管理措施来组织交通。特殊原因导致上述方案无法实施的情况下,采用交通分流的方法进行施工期间的交通组织
6	深汕西高速公路	平原微丘	由双向四车道双侧直接拼接为双向八车道	采用"两侧拼宽为主、局部分离为辅"的改扩建方案。在进行改扩建施工时,高速公路一般路段和一部分互通采用一侧施工一侧通行的交通组织方案;其他互通侧进行封闭施工
7	开阳高速公路	平原微丘	由双向四车道双侧直接拼接为双向八车道	采用"两侧拼宽为主、局部分离为辅"的改扩建方案。在进行改扩建施工时,高速公路一般路段和一部分互通采用一侧施工一侧通行的交通组织方案;其他互通侧进行封闭施工

序号	改扩建项目	地形特点	改扩建方式	交通组织形式
8	佛开高速公路	平原微丘	由双向四车道双侧直接拼接为双向八车道	采用"两侧拼宽为主、局部分离为辅"的改扩建方案。在进行改扩建施工时,高速公路一般路段和一部分互通采用一侧施工一侧通行的交通组织方案;其他互通侧进行封闭施工
9	阳茂高速公路	平原微丘	由双向四车道双侧直接拼接为双向八车道	采用"两侧拼宽为主、局部分离为辅"的改扩建方案。在进行改扩建施工时,高速公路一般路段和一部分互通采用一侧施工一侧通行的交通组织方案;其他互通侧进行封闭施工

3.3　现状存在的问题

对比国内外研究现状,广韶高速公路改扩建工程交通组织研究还存在以下问题与不足:

(1)缺少相关设计和施工经验

《高速公路改扩建交通组织设计规范》(JTG/T 3392—2022)主要针对改扩建交通组织,但目前缺乏采用新标准进行设计和施工的经验。根据高速公路典型案例可知,高速公路双向六车道扩建为双向十车道,且在施工过程中保障双向六车道通行运营,国内外缺少相关案例。

(2)尚未形成交通组织方法体系

高速公路改扩建工程交通组织涉及内容广泛,是一个系统工程,既包含分流交通组织、作业区设置、临时交通设施设置技术,又包括方案的审批、实施、应急管理机制等。在实际交通组织工作中,高速公路改扩建工程往往对一些重要问题考虑不周,缺乏系统性和行之有效的综合性交通保障方案。

(3)对交通组织经济性和安全性综合研究得较少

交通组织设计过程中,保障路网运行效率、保障交通运行安全、保障施工顺利实施等三个方面与造价息息相关,在施工过程中可以通过增设临时辅导等措施,保障交通顺畅和安全,但造价增加少则上百万,多则上千万。因此,在交通组织设计过程中,通过技术与经济的结合,在保障安全的前提下,可大幅减少工程造价及措施费用。

改扩建项目交通组织对施工中的措施费用起着至关重要的作用,特殊条件下起着决定性作用。在施工过程中为了提升运营的安全性,就涉及公路运营的本质安全,必然要提升交通组织设计标准。而如果大幅提升交通组织设计标准,其造价可能会大幅提高。

同时,施工组织过程中,涉及长期施工、短期施工和临时施工,各个施工时间不同,对安全的保障要求则有所区别,其防护等级根据规范也有所不同。

(4)对于管理机制的研究较少

高速公路改扩建工程是一个复杂的系统工程,不仅需要合理的交通组织方案,还需要通过高效的管理机制、有效的过程管控,保障方案落实到位,获得预期的效果。在高速公路交通组织管理中,涉及业主、设计、施工、运营、路政、交警等多个部门。目前,关于改扩建交通组织的研究主要集中在通行能力计算、方案实施效果仿真方面,对管理机制、过程管控方法研究得较少,对实际的交通组织工程的帮助作用较小。

广韶高速为国高网主干道,社会关注度高、车流量大,线位所处地带为山地(重丘区)与平原微丘区(盆地)交错分布,地形起伏较大、地质条件复杂,高填深挖路段多,部分路段为山区高速,线形指标较低。如何保障改扩建施工期的交通畅通,尽量减少和预防交通事故的发生,确保施工作业的安全,同时提高交通事故的救援响应效率,是改扩建施工中亟待解决的问题。开展广韶高速公路改扩建工程交通组织方案专题研究,对于提高改扩建道路的施工期交通组织效率、减少交通事故、满足有效救援的客观需求、确保行车安全和保持道路畅通具有重要意义。

第 4 章

交通量分析及预测

为保证施工期间项目公路满足一定的服务水平,需对项目公路施工期间各年的车流量进行预测,为分流方案和交通组织措施提供依据。本章预测综合趋势交通量,进而对项目路段和周边主要可分流的道路流量进行了预测。

4.1 区域路网现状分析

如图 4-1 所示,受项目影响的区域路网主要有 S1 广连高速、G0423 乐广高速、S14 汕湛高速、G45 大广高速、国道 G106、国道 G105 等高速和国(省)道。

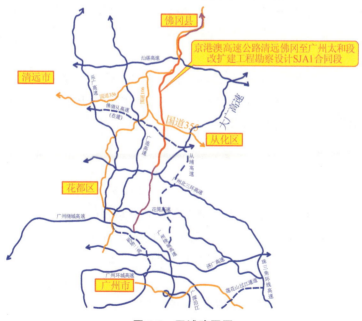

图 4-1 区域路网图

(1)S1 广连高速

广连高速起于广州从化鳌头(接佛清从高速公路),经清城区、英德市、阳山县、连州市,终于大路边镇粤湘界(接湖南省衡临高速公路),路线全长 213.136 km,双向六车道,总投资约 330 亿元,清远段工程自 2018 年 8 月开工建设,广州从化段于 2020 年 3 月动工。广连高速清远段已于 2021 年年底建成通车,从化段拟于 2023 年通车。届时形成除京珠高速、广乐高速、许广高速以外的另一条新的粤湘南北过境通道,将对广韶高速过境交通产生分流作用。

(2)G0423 乐广高速

乐昌—广州高速公路,简称乐广高速,又称乐广高速公路,是中国境内的高速公路线路,为中国国家高速公路网首都辐射主干线北京—港澳高速公路(国家高速 G4)的西并行线之一。乐广高速北起湘粤两省交界地小塘,向南经大瑶山、乐昌、曲江、英德、清远,最终到达广州市花都区花山镇,接广州机场高速公路,肇花(肇庆至花都)高速公路。乐广高速主线全长约 270.8 km,另外还有连接线约 31.8 km,合计总长 302.6 km,跨韶关、清远、广州三市。其中韶关境内长 161.9 km,清远境内长 119 km,广州市花都区境内长 21.7 km。全线为双向六车道,路基路面宽达 34.5 m,设计速度 120 km/h,于 2014 年 9 月 27 日全线建成通车。

(3)G45 大广高速

大广高速公路广东省段起于河源市连平县上坪镇李屋排九连山隧道(粤赣界),由北向南经河源市连平县、韶关市新丰县、惠州市龙门县、广州市从化区和花都区,终点位于白云区蚌湖互通立交出口,全长 224.8 km,由大广高速粤境段(连平至从化)、街北高速及机场高速北延线组成。

(4)S14 汕湛高速

S14 汕湛高速为东西走向高速公路,向西与 G0423 乐广高速相交于东城立交,向南与 S1 广连高速相交于三凤里立交,与 G4 京港澳高速相交于升平立交。S14 汕湛高速为沥青路面,路面状况良好,双向六车道,设计速度 120 km/h。

(5)S18 花莞高速

花都至东莞高速公路位于广州市境内,起于广州市白云区机场南出口,与广州机场高速太成立交相连,途经白云区人和镇、钟落潭镇,黄埔区中新知识城、九龙镇,增城区中新镇、永宁街、仙村镇、石滩镇,最终接入增莞深高速公路,项目路线总长 65.18 km。主线采用高速公路标准,设计速度 100 km/h,双向六车道,路面宽度 33.5 m。花莞高速线路走向与广韶高速基本平行,于 2014 年 8 月开工建设,2018 年部分路段通车,已于 2020 年全部贯通。

(6)北二环高速公路(G1508 广州绕城高速)

广州市北二环高速公路位于广州中心城区的北部,途经白云区和黄埔区,起于与广深高速相交的火村互通,接东二环高速公路,向北经萝岗、长平后转向,西经太和、人和、江高等镇、街后,终于与广清高速相交的龙山互通,与西二环高速公路相接,路线全长约38.5 km。全线除火村至萝岗段于 2019 年在增设香雪互通时扩建为双向八车道外,其余均为双向六车道,全线设计速度 80 km/h。共设有火村、香雪、萝岗、长平、八斗、太和、石湖、北村、蚌湖、水沥、龙山 11 处互通立交,火村、和龙 2 处服务区,设管理中心 1 处。广州市北二环高速公路改扩建预计于 2023 年开工建设,2028 年建成通车。

(7)从埔高速

从埔高速位于广州市东北部,路线呈南北走向,起点分别设置于大广高速中和里互通和从化区宣星村,终点在广州市黄埔区长平,对接广州北二环和 G324(广汕路),主线路线总长 65.5 km(包含中和里主线 8.7 km),全线设计速度 100 km/h,项目估算金额约为 137.8 亿元。该项目于 2016 年 10 月开始可行性研究的招标,预计于 2023 年年底建成通车。从埔高速是国家高速公路网"71118"中纵线大庆—广州(G45)高速公路的南延段,项目的建设完善了区域路网体系,使得大广高速进一步向西南方向延伸,这个变化将进一步加强从化区以及江西、河南等华中省份与珠三角地区的交通联系。从埔高速通车后,从从化至广州的车辆无须通过京珠高速、机场高速进入广州,由江西至南沙港的货物运输也可以实现快速转换,从而减少了北二环、机场高速的交通压力。

(8)佛清从高速

佛清从高速北段推荐路线起点位于花都官坑(市界),顺接佛清从高速公路南段,经赤坭镇官坑、白坭、国泰后进入清远清城区,经石角镇兴仁、民安、龙塘镇松树岭,沿大燕河向东跨越广清高速和国道 G107,经洲心南侧、源潭南侧、良洞、杨梅根后进入广州从化,经鳌头镇石咀、象新、柿树脚,终点位于从化区西南面的井岗。全长约 86 km,清远段约 44 km,全线采用设计速度为 120 km/h 的双向六车道高速公路标准建设。该项目建成后将与佛清从高速南段在广州北三环外围形成清远—从化—增城—东莞以及清远—佛山—湛江的快速通道,缩短清远与珠三角东、西部地区的时空距离,可分流京港澳高速、广乐高速、二广高速等几条国家主干线南下车流。

(9)国道 G105

北京—澳门公路(简称京澳线,编号 G105),是一条国家级南北主干道,起点为北京市永定门桥,终点为澳门特别行政区,全长 2717 km,途经北京市、河北省、山东省、河南省、安徽省、湖北省、江西省、广东省和澳门特别行政区 9 个省级行政区。G105 线广东段总里程约 368 km,双向四车道,设计速度 60 km/h。

(10)国道 G106

北京—广州公路(简称京广线,编号 G106),是贯穿华北、华中、华南地区的一条国道,起点为北京市丰台区,终点为广州市荔湾区,全程 2476 km,经过北京、河北、山东、河南、湖北、湖南、广东 7 个省级行政区。项目影响区域范围内 G106 为沥青路面,路面状况良好,G106 城镇路段为双向六车道公路,非城镇路段为双向四车道公路,在佛冈城镇路段为双向八车道公路,有中央分隔带硬隔离,城镇路段限速 60 km/h,非城镇路段限速 70 km/h。有数座桥限轴重,限轴重 13 t,限重 30 t。G106 有两座危桥施工,禁止大车行驶,限宽 2.2 m,需要通过钢便桥。在该危桥前,从广州至佛冈的车辆可在 S14 三门入口进入 S14 汕湛高速。

4.2 交通预测技术路线

在工程改扩建期间,应根据交通现状、项目背景等情况对工程项目所在路线的交通状况给出预测,并给出合理的交通管控方案。给出的预测技术路线如图 4-2 所示。

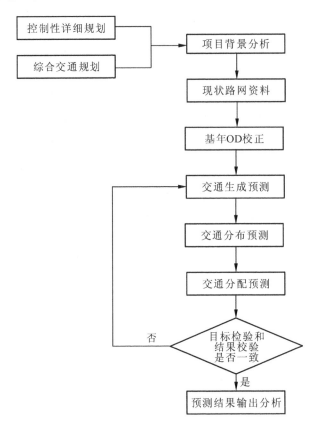

图 4-2 交通预测技术路线

4.3　交通小区划分

考虑项目沿线各主要影响区的产业结构和生产力布局路网结构及交通分布特点等因素,以项目影响区内现有行政区划为基础,结合广韶高速沿线的出入口匝道布设情况,共划分 48 个交通小区,见表 4-1。交通小区代表该小区内所有汽车出行的起讫点,并假定这些出行的起讫点都在小区的经济、行政中心,其汽车出行发生(吸引)量的多少反映了它的规模和吸引力,与小区内的人口、土地面积、经济特征、产业结构等密切相关。

表 4-1　交通小区划分

编号	小区名称		涵盖范围
1	广州市	白云区东北部	钟落潭镇
2		白云区东南部	太和镇、良田镇等
3		白云区西部	同和街、永平街等
4		花都区东部	北兴镇
5		花都区西部	赤坭镇、狮岭镇、雅瑶镇等
6		花都区中部	梯面镇、花东镇、花山镇等
7		从化区西部	鳌头镇、旗杆镇等
8		从化区南部	太平镇、神岗镇、街口镇等
9		从化区北部	吕田镇、良口镇等
10		荔湾	荔湾区
11		海珠	海珠区
12		天河	天河区
13		黄埔	黄埔区
14		番禺	番禺区
15		南沙	南沙区
16		增城	增城区
17	清远市	佛冈县南部	汤塘镇、四九镇等
18		佛冈县中部	水头镇、石角镇等
19		佛冈县北部	高岗镇、迳头镇等
20		清城	清城区
21		英德	英德市

续表 4-1

编号	小区名称		涵盖范围
22	清远市	连州	连州市
23		连山	连山县
24		连南	连南县
25		阳山	阳山县
26	深圳市	深圳市西部	光明区、宝安区、龙华区等
27		深圳市东部	龙岗区、盐田区、坪山区、大鹏新区等
28	珠海市	珠海	香洲区、斗门区、金湾区
29	汕头市	汕头	金平区、龙湖区、澄海区等
30	佛山市	佛山	南海区、顺德区、高明区等
31	韶关市	韶关市西部	曲江区、乐昌市等
32		韶关市东部	仁化县、始兴县、南雄市等
33		韶关市南部	翁源县、新丰县
34	河源市	河源	源城区、东源县、和平县等
35	梅州市	梅州	梅江区、兴宁市、梅县区等
36	惠州市	惠州	惠阳区、仲恺区、惠城区等
37	汕尾市	汕尾	市城区、陆丰市、海丰县等
38	东莞市	东莞市西部	西北组团、西南组团、中心组团
39		东莞市东部	东北组团、东南组团
40	中山市	中山	中心组团、东部组团、南部组团等
41	江门市	江门	新会区、江海区、台山市等
42	阳江市	阳江	江城区、阳春市、阳东区等
43	湛江市	湛江	霞山区、麻章区、坡头区等
44	茂名市	茂名	茂南区、信宜市、高州市等
45	肇庆市	肇庆	鼎湖区、端州区、四会市等
46	潮州市	潮州	湘桥区、饶平县、潮安区等
47	揭阳市	揭阳	榕城区、普宁市、揭东区等
48	云浮市	云浮	云城区、罗定市、新兴县等

4.4　基年交通起止点特征分析

在公路网规划和公路建设项目可行性研究中,机动车基年出行交通起止点(Origin-Destination,OD)表的计算是非常基本的,也是极其重要的论证方法。本节重点介绍基年OD表在广韶高速改扩建项目可行性论证中的效果。

4.4.1　基年 OD 表的合成与检验

为了确定 OD 整合结果的可信性,在与项目密切相关的一些公路上选择调查点,通过基年 OD 在路网上的分配结果与其实际结果的对比,检验基年 OD 的合理性与可信性,其过程或思路如图 4-3 所示。

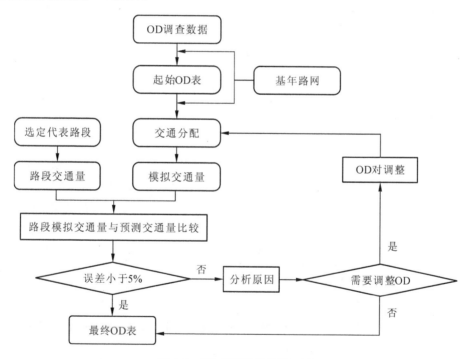

图 4-3　OD 表检验调整流程图

以广韶高速通道内主要相关公路 2021 年 3—7 月各路段断面交通量观测数据和广东省 2021 年 3 月联网收费 OD 调查数据为基础,计算 2021 年(基年)日均交通量,计算公式如下:

$$Q_{ij} = V_{ij} \cdot \alpha \cdot \beta$$

式中:Q_{ij}——i 区到 j 区的年平均日交通量(AADT);

V_{ij}——i 区到 j 区的全天 24 h 交通量;

α——月不均匀系数；

β——周（日）不均匀系数。

由月、周（日）不均匀系数对各高速公路断面交通量和广东省联网收费 OD 数据进行修正，修正后得到基年汽车 OD 表（折算成标准小客车）。

为确保交通量预测基础数据的准确性，使得机动车 OD 与路段实际情况在合理误差范围内符合要求，因此必须对初始 OD 表进行验证和校正，具体流程如下：

（1）将收集到的相关公路交通量数据作为参考，通过交通规划软件将基年的 OD 矩阵分配到基年路网上。

（2）将分配的路段交通量与各自对应的交通量数据进行对照，找出实际交通量与分配交通量绝对值差值在 5% 以上的路段，对实际交通量与分配交通量绝对值差值在 5% 以上的各 OD 点，按照实际交通量与分配交通量之比进行调整。

（3）调整后再次分配，直到分配交通量与路段实际交通量绝对值在 5% 以内，最终得到广韶高速的基年 OD 表，即

$$OD_n(i,j) = OD_0(i,j) \cdot RA(i,j)$$

式中：$OD_n(i,j)$——调整后 i 区到 j 区的交通出行量（pcu/d）；

$OD_0(i,j)$——调整前 i 区到 j 区的交通出行量（pcu/d）；

$RA(i,j)$——i 区到 j 区可能通过的各代表路段实际交通量与分配交通量之比的加权平均值。

通过对调整后的基年 OD 表进行整理分析，得到 2017 年各交通小区日均发生（吸引）量，见表 4-2。根据各小区基年交通的发生（吸引）量，经分析可得到基年交通发生与吸引强度（图 4-4）。由图可知，广州市、深圳市、佛山市、东莞市等珠三角核心区交通发生（吸引）量占比相对较高，分别为 25.0%、21.3%、11.3%、9.4%，合计占广东省发生（吸引）量的 67.0%，这与上述区域经济较为发达、产生大量交通出行需求密不可分。

表 4-2　2021 年各交通小区日均发生（吸引）量（单位：pcu/d）

小区编号	所属区域	发生量	比重	吸引量	比重
1		13769	0.21%	16644	0.26%
2		45539	0.70%	44752	0.69%
3		396202	6.08%	385898	5.92%
4		4893	0.08%	4581	0.07%
5	广州市	79662	1.22%	79877	1.23%
6		31384	0.48%	31361	0.48%
7		5808	0.09%	6198	0.10%
8		18543	0.28%	19444	0.30%
9		6494	0.10%	6656	0.10%

小区编号	所属区域	发生量	比重	吸引量	比重
10	广州市	100527	1.54%	105818	1.62%
11		87555	1.34%	81028	1.24%
12		214420	3.29%	225221	3.46%
13		117109	1.80%	116962	1.80%
14		248272	3.81%	247787	3.80%
15		173059	2.66%	174796	2.68%
16		90006	1.38%	82787	1.27%
17	清远市	10764	0.17%	10155	0.16%
18		12492	0.19%	16226	0.25%
19		4019	0.06%	3716	0.06%
20		94706	1.45%	98818	1.52%
21		24029	0.37%	24788	0.38%
22		21264	0.33%	24808	0.38%
23		2134	0.03%	2186	0.03%
24		3743	0.06%	3992	0.06%
25		10019	0.15%	10657	0.16%
26	深圳市	782912	12.02%	775182	11.90%
27		625815	9.61%	615698	9.45%
28	珠海市	84338	1.29%	83006	1.27%
29	汕头市	167652	2.57%	168620	2.59%
30	佛山市	752079	11.54%	738823	11.34%
31	韶关市	47629	0.73%	49396	0.76%
32		12846	0.20%	14071	0.22%
33		12847	0.20%	13803	0.21%
34	河源市	109644	1.68%	114822	1.76%
35	梅州市	111572	1.71%	115704	1.78%
36	惠州市	340842	5.23%	337626	5.18%
37	汕尾市	45228	0.69%	48633	0.75%
38	东莞市	432834	6.64%	445023	6.83%
39		200577	3.08%	170208	2.61%

续表 4-2

小区编号	所属区域	发生量	比重	吸引量	比重
40	中山市	190543	2.92%	184010	2.82%
41	江门市	166081	2.55%	169390	2.60%
42	阳江市	67961	1.04%	70225	1.08%
43	湛江市	111442	1.71%	115528	1.77%
44	茂名市	80891	1.24%	85541	1.31%
45	肇庆市	130960	2.01%	142303	2.18%
46	潮州市	45922	0.70%	47713	0.73%
47	揭阳市	123323	1.89%	125833	1.93%
48	云浮市	54798	0.84%	58834	0.90%

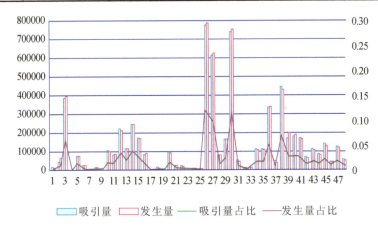

图 4-4　基年(2021 年)交通发生与吸引强度图(单位:pcu/d)

4.4.2 基年整体交通流量流向分析

为了把握影响区的交通流向,确定其交通主要流向,为项目的线路走向提供依据,根据调整后的最终基年交通 OD 表对项目影响区内交通现状进行流向分析。要进行交通现状流向分析,应先画出现状 OD 期望路线图。由于按 48 个交通小区绘制的现状 OD 期望路线图线路繁多,重点不突出,故结合现状区域路网实际,根据直接影响区详细、间接影响区较粗略的原则,可将 48 个交通小区合并成 18 个大的交通分区,合并后 18 个 OD 分区的范围划分见表 4-3。

表 4-3　影响区 18 个大区分区表

编号	所属区域	大区名称	大区范围
1	广州市	广州市中南部	荔湾区、海珠区、天河区、番禺区、南沙区等
2	广州市	白云区东部	钟落潭镇、太和镇等
3		白云区西部	同和街、永平街等
4		广州市东部	黄埔区、增城区
5		花都区西部	赤坭镇、狮岭镇、雅瑶镇等
6		花都区东部	北兴镇、花东镇等
7		从化区西部	鳌头镇等
8		从化区东部	太平镇、良田镇等
9	清远市	清远市西部	清城区、清新区、连州市、连山县等
10		英德市	英德市
11		佛冈县	佛冈县
12	深圳市	深圳市	深圳市、东莞市
13	韶关市	韶关市	韶关市
14	珠海市	珠海市	珠海市
15	佛山市	佛山市及以远	佛山市、中山市、江门市
16	河源市	河源市及以远	河源市、梅州市
17	惠州市	惠州市及以远	惠州市、汕尾市、汕头市等
18	肇庆市	肇庆市及以远	肇庆市、茂名市、阳江市等

4.5　交通量预测方法

改扩建期间交通量预测包括趋势交通量预测、诱增交通量预测及抑制交通量预测。

趋势交通量是基于原有的道路条件、交通条件及项目所在地区的社会经济条件的关系而确定的,也就是说,即使没有广韶高速,这些交通量的增加也是必然发生的。对于广韶高速来说,其趋势交通量为项目所在通道上的交通量(随着经济的自然增长而增长)在广韶高速上的分流。

诱增交通量是指由于道路新建或者改建使交通条件得到改善,从而刺激经济发展产生新的交通量。

抑制交通量是指道路改扩建期间由于项目路施工导致行车环境恶化,通行能力下降而消失的交通量。

交通量预测采用四阶段法。根据交通调查所获取的项目所在区域的经济社会、交通运输资料和 OD 分布情况,在分析区内经济社会、交通运输现状的基础上,预测其趋势型经济社会发展,进而预测未来各小区的抑制交通量、诱增交通量和趋势交通量,然后进行交通出行分布预测,得到未来特征年的趋势型出行分布 OD 表,将预测得到的 OD 在未来公路网上分配,得到广韶高速预测交通量。

4.5.1 抑制、诱增交通量预测

4.5.1.1 重要道路改扩建及项目建设情况

广连高速清远段计划于 2022 年建成通车,广连高速从化段计划于 2023 年建成通车,从埔高速计划于 2024 年通车,佛清从高速计划于 2024 年年底通车。

项目建设工期安排如下:

2022 年 7 月开工建设,通车时间为 2026 年 6 月,建设期 4 年。

第一时段(2.5 年):2022 年 7 月至 2024 年 12 月底,完成路基加宽至路床顶面、上跨桥的拆除、新建工程施工及主线新拼宽桥梁施工。

第二时段(1 年):2025 年 1 月至 2025 年 12 月底,左右幅轮流进行老桥加固改造、新老桥梁连接、路面摊铺。

第三时段(0.5 年):2026 年 1 月至 2026 年 6 月底,附属工程施工,全面建成通车。

4.5.1.2 抑制、诱增交通量预测方法

采用重力模型预测抑制、诱增交通量,重力模型为:

$$Q_{ij} = k \times \frac{P_i^\alpha \times A_j^\beta}{T_{ij}^\gamma}$$

式中:Q_{ij}——i 区到 j 区的出行量(pcu/d);

P_i——i 区的发生量(pcu/d);

A_j——j 区的吸引量(pcu/d);

T_{ij}——i 区到 j 区的出行时间(d);

k、α、β、γ——重力模型参数。

4.5.2 趋势交通量预测

本项目可采用福莱特法预测正常趋势交通需求,流程如图 4-5 所示。

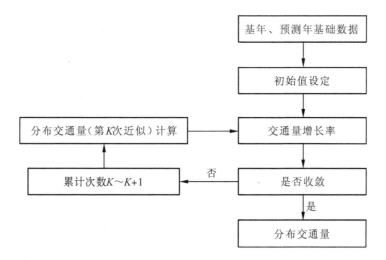

图 4-5　福莱特法工作流程

福莱特法假设 i、j 小区间分布交通量 q_{ij} 的增长系数不仅与 i 小区的发生增长系数和 j 小区的吸引增长系数相关,还与整个规划区域的其他交通小区的增长系数相关。模型公式为:

$$Q_{ij}^{k+1} = Q_{ij}^k \times F_i^k \times F_j^k \times \frac{L_i + L_j}{2}$$

$$L_i = \frac{P_i^k}{\sum\limits_{j=1}^{n}(Q_{ij}^k \times F_j^k)}$$

$$L_j = \frac{A_i^k}{\sum\limits_{i=1}^{n}(Q_{ij}^k \times F_i^k)}$$

式中:Q_{ij}^{k+1}——来年 i 区与 j 区的交通量;

Q_{ij}^k——基年 i 区与 j 区的交通量;

F_i^k、F_j^k—i 区、j 区发生交通量的增长倍数;

P_i^k——基年 i 区发生交通量;

A_i^k——基年 i 区吸引交通量;

n——交通小区数。

4.6 交通量预测结果

4.6.1 项目路交通量

(1)路段历年交通量

京港澳高速粤境段分为北段和南段,粤境北段即京珠北高速公路,路段全长109.93 km,按双向四车道设计,设计速度为80～100 km/h(隧道最高限速为60 km/h),于1998年开工建设,2003年4月3日建成通车;粤境南段即广韶高速公路(京珠南高速公路),全长199.34 km,其中甘塘至马坝互通立交段长10.34 km,为四车道,马坝互通至太和段长189 km,为六车道,设计速度为100～120 km/h(隧道最高限速为80 km/h),粤境南段于2001年1月20日开通至翁城、2002年2月9日开通至佛冈、2002年11月29日开通至钟落潭,2003年11月22日全线通车。

京港澳高速公路佛冈—太和段历年交通量见表4-4。

表 4-4 广韶高速历年交通量表(单位:pcu/d)

年份	一类车	二类车	三类车	四类车	五类车	其他车	折算合计
2011	16321	636	5210	1396	10192	726	74288
2012	17530	700	4864	1265	10384	1404	75139
2013	17644	768	4686	1417	11250	4451	79023
2014	19476	752	4441	1354	9528	4079	73190
2015	18856	751	3538	928	5883	1237	54472
2016	21748	721	3320	677	6747	1463	59360
2017	24618	773	3299	666	6884	2492	62774
2018	31110	844	3172	676	7081	263	69932
2019	30683	864	2797	635	7233	206	69200

对于客车,从佛冈至太和段,客车占比呈增长趋势,表明受广州市经济社会辐射影响,越靠近广州市区,小客车出行数量越多。对于货车,从佛冈至太和段,因客车交通量占比越来越大,除一类货车外,其他车型均基本呈递减趋势。

(2)路段建设期流量预测

根据趋势交通量的分析预测,利用 TransCAD 软件得到广韶高速建设期间相关高速公路交通量预测结果,见表4-5和图4-6。

表 4-5　广韶高速建设期交通量预测结果(单位:pcu/d)

路段	2022 年	2023 年	2024 年	2025 年	2026 年	2027 年
佛冈—升平	68819	56463	57592	45358	56355	59514
升平—汤塘	60399	49555	50545	43450	49364	58312
汤塘—鳌头	53135	44512	45884	45813	44868	60566
鳌头—机场北	59695	50008	51549	49603	50656	65427
机场北—北兴	72589	62082	56861	55319	62866	70999
北兴—钟落潭	75982	64984	59519	58028	64976	74185
钟落潭—金盆	85533	74494	68844	68224	74758	87956
金盆—太和	103841	90545	83725	81948	90997	100519
全线平均	72499	61580	59314	55967	61855	68847
同比增长	3.48%	−15.06%	−3.68%	−5.64%	10.52%	11.30%

注:广连高速公路清远段于 2022 年通车、从化段于 2023 年通车,从埔高速公路于 2024 年通车,佛清从高速公路于 2024 年年底通车。

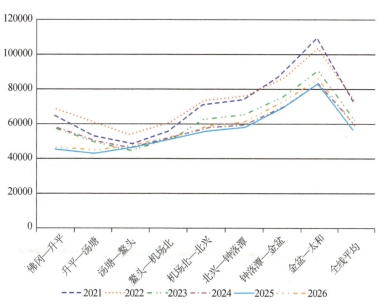

图 4-6　项目路建设期交通量预测结果(单位:pcu/d)

　　从交通量预测结果来看,广韶高速在功能上为粤港澳大湾区与韶关市、湖南省之间的重要出行通道,主要以区外之间的长途过境、区内与区外之间的出入境交通为主,同时兼顾区内之间的短途交通出行。广韶高速基年平均交通量为 70063 pcu/d,在建设期因广连高速公路、从埔高速公路等项目的新建或改扩建通车,分流了广韶高速交通量,导致建设期年交通量低于基年交通量。随着粤港澳大湾区的发展与建设,广韶高速的建设有助于缓解各相关公路的交通压力,同时也能够满足粤港澳大湾区与佛冈县、韶关市、湖南省之间的交通出行需求。

4.6.2 项目路交通状况

基于未来年 OD 表预测结果,利用 TransCAD 进行交通分配,采用用户最优模型,将未来年 OD 表上的交通量分配到路网上面去,得到未来年路网交通量表,分析道路交通状况,得到建设期间研究路网各路段负荷度(路段实际交通流量与路段通行能力的比值,V/C),见图 4-7。

图 4-7 建设期间研究路网各路段 V/C

4.6.3 主要分流路交通量

从交通现状来看,广韶高速、乐广高速公路、大广高速公路、机场高速公路、机场第二高速公路等是区域内主要运输通道,是联系粤港澳大湾区与佛冈县、白云区等沿线地区之间和通往韶关市、湖南省及以远地区的重要通道。目前,在珠三角环线高速公路以北,粤港澳大湾区去往韶关市、湖南省及以远地区的交通出行,主要由广韶高速、乐广高速公路、广连高速公路共同承担。其中 2021 年到 2022 年期间,乐广高速承担了 45％的交通量,广韶高速承担了约 55％的交通量。随着广连高速 2022 年以后逐步通车,建设期间广韶高速平均承担约 40％的交通量,乐广高速公路平均承担约 45％的交通量,新建成的广连高速平均承担约 15％的交通量。其中广韶高速钟落潭—金盆段服务水平为三级,金盆—太和段服务水平已达到四级,已经影响和阻碍了粤港澳大湾区与佛冈县、韶关市、湖南省及以远地区间的经济联系。主要分流路交通量预测结果见表 4-6。

表 4-6 主要分流路交通量预测结果

路段	2022 年	2023 年	2024 年	2025 年	2026 年	2027 年
G0423 乐广高速	64442	73420	78643	82040	84558	87094
G15 广州绕城高速	106125	104103	104133	105189	106768	107646
G45 大广高速	66051	70384	73254	75421	77258	79757
S14 汕湛高速	12952	15690	17215	18149	18797	19775
S18 花莞高速	41117	44338	46391	47881	49104	50886
S1 广连高速	16876	26806	28486	25251	26775	29757
S2 广河高速	60530	61665	62849	64069	65319	66757
从埔高速	—	—	—	5084	5592	6075

注:广连高速公路清远段于 2022 年通车、从化段于 2023 年通车,从埔高速公路于 2024 年通车,佛清从高速公路于 2024 年年底通车。

随着粤港澳大湾区经济社会不断发展,现有道路较难承担大运量、快速交通的运输需求,无法成为高效、快捷、安全的公路通道,因此不能适应现代经济发展的需要。

4.6.4 过境、区间与区内交通量

以佛冈县、白云区、花都区作为项目的区域内部,其他地区作为区域的外部,通过对广韶高速出入口定向流量表的分析,得到广韶高速运输通道内区间出行量情况,见表 4-7。

表 4-7 广韶高速汽车出行区间情况统计表

范围	出行量	比重
区内之间	20295	4.53％
区内与区外	70848	15.83％
区外之间	356449	79.64％
合计	447592	100％

根据表 4-7 的统计数据,广韶高速主要承担区外之间的长途过境交通,所占比例约为

80％,其次为区内与区外之间的出入境交通,所占比例约为16％,区内之间的短途交通占比最小,所占比例约为4％。

在区外之间的交通出行中,广韶高速与大广高速公路承担主要出行交通量,其中区外之间的交通出行中,连京珠北(韶关、湖南及以远)与连广州绕城西、连广州绕城东、连华快(太和及以远方向)之间的交通量占连京珠北断面交通量的比例约48％,与连大广西(花都及以远方向)、连大广东(从化及以远方向)之间的交通量占连京珠北断面交通量的比例约21％,表明广韶高速是广东省与湖南省及以远地区的重要出行通道。随着广韶高速的改扩建,未来广韶高速将进一步发挥项目的通道功能,促进经济社会的快速发展。

4.7　本章小结

项目道路改扩建期间,原有道路通行条件恶化。为了判断施工期间项目道路是否满足一定的服务水平,需对项目路施工期间各年的流量进行预测,从而对施工期间项目的交通情况进行评估,为分流方案提供依据。本章采用OD融合技术对基年(2021年)交通小区OD进行校核调整,得到调整后2021年分车型交通小区OD,利用重力模型和福莱特法得到趋势交通量、诱增交通量及抑制交通量,再综合趋势交通量、诱增交通量及抑制交通量等预测了施工期间各时段的交通小区OD,并对项目路段流量和周边主要可分流道路路段流量进行了预测。

第5章

施工期通行能力及服务水平分析

5.1 通行能力分析

5.1.1 通行能力概况

公路通行能力的研究,按其研究对象可划分为高速公路的通行能力、公路主干道的通行能力、信号交叉口的通行能力、公共交通的通行能力等。其中高速公路是在设计年限内能适应年平均昼夜交通量为 15000 pcu/d 的高等级公路,对国家的政治、经济具有重要作用。中华人民共和国交通运输部颁布的《公路工程技术标准》(JTG B01—2014)对高速公路作了具体定义:高速公路是专供汽车分方向、分车道行驶,全部控制出入的多车道公路。高速公路是唯一能提供完全不间断交通流的公路设施类型。对交通流没有类似信号灯或停车管制的交叉口那样的外部干扰,车辆只有通过匝道才能完成进出设施的行为,匝道的设计一般考虑以下因素:车辆可以高速行驶进行分、合流,并最大程度上减少对主线交通的干扰。

高速公路通行能力是高速公路规划、设计及交通管理等方面的基本参数,在宏观和微观管理方面都有重要的意义。然而现阶段关于高速公路通行能力的理论研究和实际情况却有着一定的差异,例如通过考虑车辆安全距离、车辆的制动性能、驾驶员的反应时间及车辆的平均长度等计算出来的高速公路通行能力一般在 500~1300pcu/(h·车道)之间,同时随着车长的增加,通行能力也随之减少。然而现场实际观测的数据却可达 2000 辆以上。可见纯粹地从理论研究的角度得到的结果并不能很好地说明实际情况。

5.1.2 基本路段通行能力分析

5.1.2.1 通行能力的基本概念及影响因素

通行能力分析的主要目的是求得在不同运行质量的情况下一小时所能通行的最大交通量,亦即可求得在指定的交通运行质量条件下所能承担交通的能力。道路通行能力又称道路容量,简而言之,是指道路的某一断面在单位时间内所能通过的最大车辆数。美国 HCM 对道路通行能力给出了如下定义:通常,一种设施的通行能力,规定为在一定时间段和通常道路、交通、管制条件下,能合情合理地期望人和车辆通过车道或道路的一点或均匀断面上的最大小时流率。根据目的和要求不同,通行能力又可分为以下几种:

(1)基本通行能力

基本通行能力是指一条公路的组成部分在理想的道路、交通、控制和环境条件下,该组成部分一条车道或一个车行道的均匀段上或一个横断面上,不论服务水平如何,一小时所能通过标准车辆的最大辆数。

(2)可能通行能力

可能通行能力是指一条已知公路的一个组成部分在实际或预计的道路、交通、控制和环境条件下,该组成部分一条车道或一个车行道对上述条件有代表性的均匀段上或一个横断面上,不论服务水平如何,一小时所能通过的车辆(在混合交通公路上为标准汽车)最大辆数。

(3)设计通行能力

设计通行能力是指一条设计中公路的一个组成部分在预计的道路、交通、控制和环境条件下,该组成部分一条车道或一个车行道对上述条件有代表性的均匀段上或一个横断面上,在所选用的设计服务水平下,一小时所能通过的车辆(在混合交通公路上为标准汽车)最大辆数。

5.1.2.2 基本路段通行能力

(1)基本路段标准条件

影响高速公路基本路段通行能力的因素有很多,如道路等级、车道宽度、线形、技术标准、交通组成以及路肩宽度和状况等。另外,我国道路交通状况和地形条件比较复杂,《公路工程技术标准》(JTG B01—2014)中给出的横断面形式也有多种。为了研究结果的可比性,建立高速公路道路通行能力分析的标准条件如下:

①设计速度——120 km/h;

②地形——平原微丘;

③路面宽度——2×7.5 m；

④左侧路缘带宽度——0.75 m；

⑤右侧路肩宽度——2.75 m；

⑥行政等级——干线公路；

⑦平整度——对速度无影响；

⑧交通秩序和交通管理——好。

(2)通行能力计算

①基本通行能力

按车头时距计算,其计算公式为:

$$C_B=\frac{3600}{t} \tag{5-1}$$

式中:C_B——车道的基本通行能力(pcu/h);

　　　t——标准车最小安全车头时距(s/pcu)。

②可能通行能力

该方法对施工区影响因素进行了简化,着重考虑了车速限制、行车道数、车道宽度和路侧净空、大型车混入率以及驾驶员对环境的熟悉程度等几个因素,其他因素在这里忽略不计。

$$C=C_0\times f_W\times f_{HV}\times f_P\times n \tag{5-2}$$

式中:C——施工区通行能力(pcu/h);

　　　C_0——限制速度下高速公路基本路段每车道的通行能力(pcu/h);

　　　f_W——车道宽度及侧向净宽修正系数;

　　　f_{HV}——大型车修正系数;

　　　f_P——驾驶员对环境熟悉程度的修正系数;

　　　n——行车道数,取自然数1、2、3、…。

5.1.2.3　方向不均匀系数

广韶高速公路各观测点方向不均匀系数如表 5-1 所示。

表 5-1　广韶高速公路各观测点方向不均匀系数表

路段	主方向	上行(pcu/d)	下行(pcu/d)	合计(pcu/d)	方向不均匀系数
佛冈—升平	太和至佛冈方向	40732	39135	79867	0.51
升平—汤塘	太和至佛冈方向	34717	33356	68073	0.51
汤塘—鳌头	太和至佛冈方向	28604	28605	57209	0.5
鳌头—机场北	太和至佛冈方向	31995	31996	63991	0.5

续表 5-1

路段	主方向	上行(pcu/d)	下行(pcu/d)	合计(pcu/d)	方向不均匀系数
机场北—北兴	佛冈至太和方向	39370	40977	80347	0.51
北兴—钟落潭	佛冈至太和方向	40111	43453	83564	0.52
钟落潭—金盆	太和至佛冈方向	48394	46496	94890	0.51
金盆—太和	太和至佛冈方向	57591	55332	112923	0.51
合计		321513	319351	640864	0.50

5.1.3　匝道通行能力分析

5.1.3.1　高速公路匝道概况

高速公路匝道是联系不同高程上两交叉线路、供两线路车辆实现转换方向的连接道路,长度较短,一般有一个入口和一个出口,线形变化较大且常有纵坡和小半径的转弯,通行能力较正常路段稍低。

匝道通行能力由匝道中间路段本身的通行能力、驶出匝道口的通行能力和驶入匝道口的通行能力中的最小值决定。对于匝道入口处和出口处都是平行关系的匝道,其通行能力取匝道本身的通行能力;对于其他关系匝道,其通行能力的主要控制因素为匝道本身的道路条件和交通条件,以及匝道两端车辆行驶的合流区、分流区和冲突区。由于广韶高速公路施工区间分流时,在一定程度上更依靠匝道自身条件下所能容纳的流量极限,故这里对匝道中间路段的通行能力进行重点分析。

5.1.3.2　匝道基本通行能力

理论通行能力定义为在道路、交通、环境和气候均为理想条件时,由技术性能相同的一种标准车辆,以最小的车头间距连续行驶,在单位时间内通过道路的某一断面的最大车辆数。这是一种理想状态下的通行能力。

匝道路段的基本通行能力计算是建立在最小车头时距的基础上的,计算公式如下:

$$C_B = \frac{3600}{t}$$

式中:C_B——匝道的基本通行能力(pcu/h);

t——标准车最小安全车头时距(s/pcu)。

美国 HCM2010 对不同自由流速度下的匝道通行能力进行了归纳,可以作为参考,见表 5-2。

表 5-2　匝道道路的通行能力近似值

匝道自由流速度(km/h)	通行能力(pcu/h)	
	单车道匝道	双车道匝道
>80	2200	4400
>65~80	2100	4100
>50~65	2000	3800
>30~50	1900	3500
≤30	1800	3200

5.1.3.3　匝道通行能力折减系数

在《公路工程技术标准》(JTG B01—2014)中,基本路段通行能力折减系数包含 f_W、f_P、f_{HV} 三个系数。f_W 是车道宽度及侧向净宽的修正系数,它是根据车道宽度至障碍物的最近距离、高速公路的车道数及单侧有障碍物或两侧都有障碍物而确定。f_P 是驾驶员条件的修正系数,它是根据驾驶员的技术熟练程度、遵守交通法规的程度、在高速公路上尤其是指高速公路或相似路段上的行驶经验及驾驶员的健康状况来确定的。f_{HV} 是车型修正系数,它是由交通流组成和车辆折算系数确定的。

在匝道中间路段上,影响通行能力的最大因素是匝道的圆曲线半径及汽车需要转过的角度,圆曲线半径越小,需要转过的角度越大,匝道的通行能力越小。下面将从这两个方面对匝道通行能力进行分析,研究其折减系数,其他方面的折减系数可以参照基本路段。

(1)累计转角折减系数

所谓匝道累计转角,就是指车辆在匝道上行驶的期间车辆转过的累计角度。为了便于研究,匝道累计转角折减系数用 f_{TA} 表示。匝道累计两条十字正交道路的互通立交,其各种形式的匝道累计转角见表 5-3。

表 5-3　正交互通立交匝道累计转角

匝道形式		取值
直接式		$\pi/2$
环圈式		$3\pi/2$
半直接式	左进右出	π
	右进左出	
	右进右出	
右转匝道	右进右出	$\pi/2$

针对以上分析,参考李文权在《道路互通立交系统通行能力分析方法》一书中研究出的匝道累计转角折减系数表(表5-4),对结果进行拟合,得出匝道累计转角折减系数计算模型如下:

$$f_{TA} = 0.9969 e^{-0.15864 A_T} \tag{5-3}$$

式中:A_T——匝道累计转角。

表 5-4　匝道累计转角系数

匝道形式	右转匝道	直接式左转匝道	半直接式左转匝道	环圈式左转匝道
匝道累计转角	$\pi/2$	$\pi/2$	π	$3\pi/2$
f_{TA}	0.78	0.78	0.53~0.69	0.47

(2)圆曲线半径折减系数

由于匝道的圆曲线半径直接和设计速度相关,所以它对匝道中间路段的通行能力有着很大的影响。圆曲线半径越小,则通行能力越低。匝道圆曲线半径折减系数用 f_{CA} 表示,参考取值见表5-5。

表 5-5　已知不同圆曲线半径的折减系数

路段	基本路段	右转匝道	半接式左转匝道	环圈式左转匝道
圆曲线半径	∞	160	67.5	65
f_{CA}	1.00	0.90	0.85	0.86

注:此表为累计转角为 $\pi/2$ 时的折减系数。

5.1.4　施工区通行能力分析

5.1.4.1　施工区通行能力概况

国外研究人员在以前的公路工程施工区通行能力研究过程中,针对高速公路扩建工程施工区通行能力的界定,提出了多种方法。宾夕法尼亚州的一项研究则将由观测到的最大的 5 min 流率转换的小时交通量作为扩建工程施工区的通行能力;北卡罗来纳州的研究定义了扩建工程施工区的通行能力为道路交通流迅速由非拥挤流状况转变为拥挤排队状况时的流率,并且应用速度-流量曲线来标定通行能力值,它的定义接近HCM2010 对一般道路通行能力的定义,它采用的是正常条件下的拥挤流状态交通流率作为扩建工程施工区的通行能力。Yi Jiang 对印第安纳州四条高速公路扩建工程施工区进行了 12 次观测,其观测结果表明高速公路交通流在由非拥挤流转变为拥挤流时,总是伴随着平均车速的骤减。因此,他将高速公路交通流在转变为持续低速紊流前的交通流率作为扩建工程施工区的通行能力。

到目前为止,国内外还没有关于施工区通行能力确切的定义,TTI(美国德州交通工程学会)界定高速公路扩建工程施工区通行能力为交通拥挤条件下的小时交通流量,符合高速公路扩建工程施工期间车辆通行"通而不畅"的原则,这对制定高速公路扩建工程施工区交通组织有实际意义,因此,本报告也采用该定义来界定施工区的通行能力。

5.1.4.2　施工区通行能力影响因素

高速公路施工路段交通控制段划分为施工预告段、上游过渡段、上游缓冲段、施工作业段、下游缓冲段、下游过渡段以及施工终止段;车辆运行特性主要表现为汇入车辆造成施工路段交通流的重分布,超车道上车辆优先通行和行车道汇流的强制性。

施工区通行能力主要考虑因素如下:

(1)车道数

出于高速公路改建工程施工场地的需要,有时必须同时关闭一个或多个行车道,将会大大影响高速公路改建工程施工区通行能力,如因施工减少行车道数量,可能会直接导致高速公路改建工程施工区道路交通拥挤、堵塞,甚至导致交通中断。

(2)车道宽度

与高速公路基本路段通行能力修正一样,高速公路改建工程施工区开放车道宽度对其通行能力有一定的影响。一般认为,当车道宽度达到某一数值时其通行量能达到理论上的最大值;当车道宽度小于该值时,则通行能力降低。

(3)侧向净空

侧向净空的影响包括左侧中央分隔带路缘带宽度和右侧路肩宽度的影响。实际调查表明,左侧路缘带宽度和右侧路肩宽度小于某一数值时(理想条件规定的标准数值),会使驾驶员感到不安全,从而减速或偏离车道线行驶,使相邻车道利用率降低。

(4)大型车辆

与发达国家高速公路运行情况相比,在我国高速公路交通量构成中,小型车数量明显较低,而大、中型货车构成较高,并且高速公路交通量车型构成复杂,车型之间的机械和机动性能差距大,动力性能差是造成我国高速公路平均车速较低的主要原因。混合车流中的大中型车和特大型车由于速度较慢,它们在交通流中的比例越大,对小型车运行速度的影响就相应增大。特别是在中、高密度时,如果车队领头车为一慢车,由于此时超车机会有限,动力性能较好的小车无法以期望车速行驶,只能以接近于慢车车速的速度行驶,导致整个交通流速度偏慢,通行能力降低。

(5)施工区限速

为提高安全性,在高速公路改建工程作业区进行限速是必要的,因为适当地限制车辆通过作业区的速度,可以均衡车流的速度,从而减少交通事故的发生,但速度的限制又会对通行能力产生影响。

(6)施工区长度

高速公路改建工程作业区长度越长，意味着工作强度越大，驾驶员需要更加谨慎地驾驶，导致车流速度降低，对作业区通行能力产生影响。

(7)施工强度

高速公路施工有很多形式，有长期施工、短期施工，对应有不同的施工强度，主要由施工设施、施工人员以及施工车辆运行密度来决定，施工区长度也对施工强度有很大影响。

(8)道路坡度

主要涉及道路坡度以及施工车辆进出道路的影响。高速公路的最大纵坡坡度通常为 6%，决定高速公路基本元素尺寸的设计速度，影响行程速度，特别是大型车辆在上下坡时所受影响更为明显。美国 HCM2010 提出，对不同坡度路段，大型车辆折算成小客车系数应该分情况考虑，不同坡度对应不同的折算系数，从而导致路段通行能力的折减。

(9)车道封闭形式

高速公路改建工程不同施工阶段，封闭车道形式也不相同，在对外侧加宽施工时可能会封闭行车道和硬路肩；对内侧老路面或中央分隔带施工时，将会封闭超车道；半幅道路施工时，封闭半幅道路而另半幅双向通行。不同的作业区封闭形式下车辆行驶和变换车道的行为不同，引起车流的紊乱程度也不同，对通行能力产生不同影响。

(10)驾驶员对环境的熟悉程度

高速公路改建工程施工期间，道路条件、交通条件、交通控制条件以及交通标志、标线设置都会发生变化，这些变化降低了驾驶员对道路环境的熟悉程度，在判断、操作上都比正常情况下要谨慎、注意力要更加集中，行车速度受到影响，对作业区通行能力也将产生影响。《公路路线设计规范》(JTG D20—2017)中建议在 0.95~1.00 范围内取值。

(11)天气条件

恶劣天气，如大雨、浓雾以及狂风会对高速公路改扩建工程施工路段的通行能力造成很大的影响。Ahmed AL Kaisy 和 Fred Hall 在加拿大多伦多市 Gardiner 高架快速路的现场观测证明了雨雪与冰冻天气对高速公路改扩建工程施工区通行能力的下降有一定的影响。试验者对另外两处施工现场进行了观测，并得出如下结论：在其他诸如是否为工作日、车道封闭的位置、施工作业活动一定的条件下，下雨所导致的两处高速公路改扩建工程施工区通行能力的折减分别为 4.4% 和 7.8%。近年来，国外的一些研究表明，下雨导致高速公路短期养护施工作业区通行能力折减 10% 左右。显而易见，更恶劣的天气，如冰雪、大雾对高速公路改扩建工程施工路段通行能力的影响更大。

(12)其他因素

除了上述讨论的因素外，还有其他因素对高速公路改建工程施工区通行能力有一定的影响，例如高速公路互通式立交匝道，尤其是入口匝道在施工区渐变段或延伸至作业区对施工区通行能力有较大的影响。

5.1.4.3　施工区通行能力分析方法

通行能力的计算方法基本上是根据美国 HCM2010 进行的,结合不同服务水平下的基本通行能力,综合考虑施工条件下各种通行能力影响因素,进行修正折减,得出各瓶颈点最终通行能力。该方法对施工区影响因素进行了简化,着重考虑了车速限制、行车道数、车道宽度和路侧净宽、大型车混入率、驾驶员对环境的熟悉程度、施工强度等几个因素,其他因素在这里均忽略不计。

$$C = C_0 \times f_W \times f_{HV} \times f_P \times f_i \times n \qquad (5\text{-}4)$$

式中:C——施工区通行能力(pcu/h);

C_0——限制速度下高速公路基本路段每车道的通行能力(pcu/h);

f_W——车道宽度及侧向净宽修正系数;

f_{HV}——大型车修正系数;

f_P——驾驶员对环境熟悉程度的修正系数;

f_i——施工区施工强度修正系数;

n——行车道数,取自然数 1、2、3、…。

(1)限制车速条件下高速公路基本路段每车道的通行能力 C_0

高速公路基本路段的理想条件包括:

①车道宽度≥3.75 m;

②侧向净宽≥1.75 m;

③车流中全部为小客车;

④驾驶员均为经常行驶高速公路且技术熟练、遵守交通法规者。

理想条件下高速公路每车道的基本通行能力值见表 5-6。

表 5-6　理想条件下高速公路每车道的基本通行能力值

限制车速(km/h)	120	100	80	60	40
通行能力(pcu/h)	2200	2100	2000	1800	1600

(2)车道宽度及侧向净宽修正

美国 HCM2010 指出,在长期和短期施工通行能力折减模型中,再增加一个车道宽度影响修正系数。对只有标准客车的交通,在车道宽度为 3.25~3.5 m 或 3.0 m 的情况下,车头时距增加约 10%,而在 2.75 m 宽的车道上,车头时距又增加了 6%。在施工区,这些车头时距的增加造成较窄车道通行能力分别下降 9% 和 14%。

由于广韶高速公路施工组织时车道宽度全线基本保持为外车道 3.75 m、内车道 3.25 m,故无须折减,而侧向净宽各个施工区时段及施工位置都有差异,对应不同侧向净宽修正系数,其取值见表 5-7。

表 5-7 车道宽度及侧向净宽修正系数

侧向净宽(m)	车道宽度			
	3.75m	3.5m	3.75m	3.5m
	行车道一边没有障碍物		行车道一边有障碍物	
＞1.75	1.00	0.97	1.00	0.97
1.60	0.99	0.96	0.99	0.96
1.20	0.99	0.96	0.98	0.95
0.90	0.98	0.95	0.96	0.93
0.60	0.97	0.94	0.94	0.94
0.30	0.93	0.90	0.87	0.85
0	0.90	0.87	0.81	0.79

广韶高速中,将根据侧向净宽在各个施工区段及施工位置的差异分别对修正系数具体取值。

(3)大车修正系数

大车通过时计算通行能力要进行折减处理,其修正系数计算公式如下:

$$f_{HV} = \frac{1}{1 + P_{HV}(E_{HV} - 1)} \tag{5-5}$$

式中:P_{HV}——大型车交通量占总交通量的百分比;

E_{HV}——大型车换算成小客车的车辆换算系数。

注:此折减仅限于客货未分车道行驶,客货分车道行驶时大车折减不考虑。

据统计,广韶高速公路车型比例现状见表 5-8 和图 5-1。

表 5-8 广韶高速公路车型结构(绝对数)

路段	客车				货车						合计
	一型	二型	三型	四型	一型	二型	三型	四型	五型	六型	
佛冈—升平	55.2%	0.3%	0.1%	1.5%	5.4%	3.7%	3.8%	4.0%	1.9%	24.1%	100.0%
升平—汤塘	53.4%	0.3%	0.2%	1.7%	5.3%	3.9%	4.0%	3.9%	2.2%	25.2%	＞100.0%
汤塘—鳌头	63.7%	0.3%	0.1%	1.5%	6.1%	3.2%	2.8%	2.4%	1.8%	18.0%	＜100.0%
鳌头—机场北	64.1%	0.4%	0.2%	1.5%	7.4%	3.4%	2.6%	2.4%	1.6%	16.4%	100.0%
机场北—北兴	66.8%	0.4%	0.2%	1.3%	6.5%	4.1%	1.8%	2.5%	2.2%	14.1%	＜100.0%
北兴—钟落潭	67.4%	0.4%	0.3%	1.2%	6.6%	4.2%	1.8%	2.4%	2.2%	13.6%	＞100.0%

续表 5-8

路段	客车				货车						合计
	一型	二型	三型	四型	一型	二型	三型	四型	五型	六型	
钟落潭—金盆	71.3%	0.5%	0.3%	1.1%	6.4%	3.5%	1.5%	2.2%	1.8%	11.5%	>100.0%
金盆—太和	72.9%	0.4%	0.3%	1.0%	7.5%	3.4%	1.3%	1.9%	1.5%	9.8%	100.0%
全线平均	65.2%	0.4%	0.2%	1.3%	6.6%	3.5%	2.4%	2.6%	1.8%	16.0%	100.0%

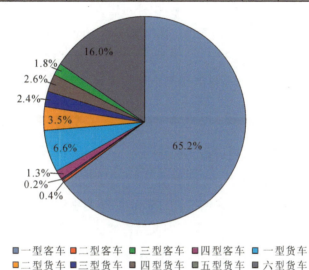

图 5-1　广韶高速公路车型比例(绝对数)

根据统计数据可以看出,广韶高速公路交通量车型构成有以下特点:

①广韶高速公路交通量从绝对数来看,呈现出以客车为主的特点。客车所占比例为 67.10%,货车所占比例为 32.90%,广韶高速公路平均客货比约为 2：1。

②从图 5-1 可以看出,客车以一型客车为主,占所有客车的 97.17%;货车中,一型、二型、三型、四型及五型货车占比为 16.90%,六型货车比重为 16.00%。

由上述统计数据可知,广韶高速公路以一型客车为主。考虑到车流中大型货车所占的比例较小,在路基路面施工期间维持双向六车道通行,当单侧对向通行时,可采用分车道分车型限速行驶的方式。

经计算,广韶高速在六车道保通条件下,大型车折减系数为 0.7452。

(4)驾驶员条件修正系数

驾驶员条件是根据驾驶员对高速公路熟悉程度,尤其是在高速公路改建工程施工区或其相似的路段上的行驶经验以及驾驶员的健康状况来决定的。一般认为,具有不同特征(周末、旅游,甚至午间)的交通流使用高速公路的效益要低些。随着通行能力的下降,其他各级服务水平的服务流率也会相应降低。

驾驶员条件的影响通过采用修正系数 f_P 来反映。美国 HCM2010 指出驾驶员条件修正系数一般在工作日或通勤日取 1.0,而在其他情况下结合公路和环境状况,系数可以降至 0.85。

考虑到施工总工期较长,广韶高速取驾驶员条件修正系数为 0.98。

(5)施工强度修正系数

目前,国内尚无高速公路施工区施工强度修正系数具体量化值,仅从定性的角度说明施工强度对通行能力有不同程度的影响,国外对这方面有一些研究,但也没有具体的计算模型。Ahmed Al-Kaisy(2003)通过多次试验发现,施工区通行能力随施工强度变化幅度较大,一般保持为 0.88～0.98,主要因为施工强度所考虑的因素较多。

考虑到施工总工期较长,并借鉴其他类似项目经验,广韶高速施工强度修正系数取0.97。

5.1.4.4 路基路面施工通行能力分析

(1)路基施工通行能力分析

广韶高速改扩建方案推荐以两侧拼接加宽为主、单侧拼接加宽为辅的方案。路基施工在老路的单侧或两侧进行,施工前期不涉及路面部分,可以保证现有道路的通行基本不受干扰,即现有六车道正常通行,此时 $f_w=1$;路基加宽施工后期,需挖除土路肩,部分路段需要挖除硬路肩,此时行车道侧向净宽大于 1.75 m,超车道左侧中央分隔带保持不变,有 0.75 m 宽的路缘带,且两侧施工车辆的进出也对道路通行能力有一定程度影响,此时 $f_w=0.96$。六车道保通条件下,大型车折减系数 $f_{HV}=0.7452$,由于施工工期较长,驾驶员修正系数 f_P 取 0.98,施工强度修正系数 f_i 取 0.97。

表 5-9 路基两侧整体拼接时老路面通行能力值

车道	路段限速 (km/h)	基本通行能力 C_0[pcu/(ln·h)]	驾驶员 修正系数 f_P	施工强度 修正系数 f_i	大型车修正 系数 f_{HV}	净宽修正 系数 f_w	通行能力 [pcu/(ln·h)]
内车道	80	2000	0.98	0.97	0.7452	1	1417
外车道	80	2000	0.98	0.97	0.7452	0.97	1374

在扩建施工的第一阶段,即进行两侧路基加宽施工时,采用限速 80 km/h 方案,并在扩建施工段每隔 2 km 设置一块限速标志,单向通行能力值为 4208 pcu/h。

(2)路面施工通行能力分析

一般路段两侧新拼宽路面及拼接缝施工,施工至路面顶面层,原老路双向六车道限速通行。此时施工作业与路基施工基本保持一致,此阶段通行能力参考路基施工通行能力分析。

路面加宽施工,需要在硬路肩上设置临时交通设施,需要占用一半的硬路肩。此时行车道侧向净宽约为 1.375 m,超车道左侧中央分隔带保持不变,有 0.75 m 宽的路缘带,且两侧施工车辆的进出也对道路通行能力有一定程度影响,此时 $f_w = 0.96$。六车道保通条件下,大型车折减系数 f_{HV} 取 0.7452;由于施工工期较长,驾驶员条件修正系数 f_P 取 0.98;施工强度修正系数 f_i 取 0.97,如表 5-10 所示。

表 5-10　路面两侧整体拼接时老路面通行能力值

车道	路段限速 (km/h)	基本通行能力 C_0[pcu/(ln·h)]	驾驶员条件 修正系数 f_P	施工强度 修正系数 f_i	大型车修正 系数 f_{HV}	净空修正 系数 f_w	通行能力 [pcu/(ln·h)]
内车道	80	2000	0.98	0.97	0.7452	0.99	1402
外车道	80	2000	0.98	0.97	0.7452	0.96	1360

第二阶段即拆除原有路侧防撞护栏,挖除原有土路肩,施工新路面时采用限速 80 km/h 方案,并设置相应的安全交通标志、限速标志等,利用交通警察(车)、速度监控措施等加强对车速的控制,单向通行能力值为 4164 pcu/h。

5.1.5　沿线各主要构造物瓶颈点通行能力分析

对广韶高速公路施工区将要出现的施工组织形式进行考虑,分析其道路通行能力,主要从沿线各构造物各阶段下将出现的不同车流运行状态进行分类分析,采用修正路段基本通行能力的分析方法进行通行能力计算。

主要考虑的施工区影响因素为车速限制、行车道数、车道宽度和路侧净宽、大型车混入率、驾驶员对环境的熟悉程度、施工强度等几个因素。

5.1.5.1　桥梁施工通行能力分析

进行桥梁基础及下部施工、各种梁板预制、部分跨线桥基础和下部施工时,其限速方案与主线第一阶段相同,采用限速 80 km/h 方案,基本通行能力为 2000 pcu/h。当进行桥梁上部拓宽施工和桥面铺装施工时,需要压缩车道或关闭半幅,另半幅双向通行,此时桥梁扩建段采用限速 40 km/h 方案,基本通行能力为 1600 pcu/h,并设置相应的交通标志和标线,最终 f_w 取 0.96,大型车折减系数 f_{HV} 取 0.7452,在施工组织合理的前提下,驾驶员条件修正系数 f_P 取 0.95,施工强度修正系数 f_i 取 0.93,如表 5-11 所示。

表 5-11　桥梁两侧整体拼接时老路面通行能力

车道	路段限速(km/h)	基本通行能力 C_0[pcu/(ln·h)]	驾驶员条件修正系数 f_P	施工强度修正系数 f_i	大型车修正系数 f_{HV}	净空修正系数 f_w	通行能力[pcu/(ln·h)]
内车道	80	2000	0.95	0.93	0.7452	1	1317
	40	1600	0.95	0.93	0.7452	1	1053
外车道	80	2000	0.95	0.93	0.7452	0.96	1264
	40	1600	0.95	0.93	0.7452	0.96	1011

路面施工阶段内车道限速 80 km/h,外车道限速 80 km/h 时,单向通行能力值为 3898 pcu/h；内车道限速 40 km/h,外车道限速 40 km/h 时,单向通行能力值为 3117 pcu/h。

5.1.5.2　互通匝道通行能力分析

由于互通匝道特殊的道路线形以及纵坡,广韶高速公路互通改扩建时匝道速度限制为 30 km/h,对应匝道基本通行能力 C_b 为 1900 pcu/h。互通匝道形式多种多样,这里着重对直接式匝道、环圈式匝道、半直接式匝道三种应用最广泛的形式进行重点研究分析。

(1)直接式匝道

直接式匝道的连接形式如图 5-2 所示。

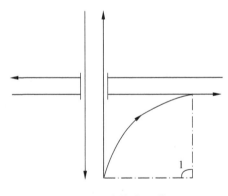

图 5-2　直接式匝道

直接式匝道累计转角即图 5-2 中的∠1,为 $\pi/2$,对应 $f_{TA}=0.78$；而圆曲线半径折减系数 $f_{CA}=0.9$,故可得出通行能力：

$$C=C_b \cdot f_{TA} \cdot f_{CA}=1990×0.78×0.9=1331 \text{ pcu/h}$$

(2)环圈式匝道

环圈式匝道的连接形式如图 5-3 所示。

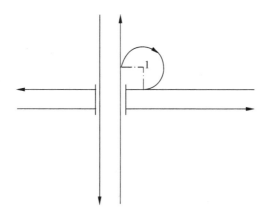

图 5-3　环圈式匝道

环圈式匝道累计转角即图 5-3 中的 $\angle 1$,为 $3\pi/2$,对应 $f_{TA}=0.47$;而圆曲线半径折减系数 $f_{CA}=0.86$,故可得出通行能力:

$$C=C_b \cdot f_{TA} \cdot f_{CA}=1900\times0.47\times0.86=768 \text{ pcu/h}$$

(3)半直接式匝道

半直接式匝道的连接形式如图 5-4 所示。

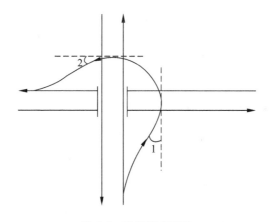

图 5-4　半直接式匝道

图 5-4 中的半直接式匝道累计转角为 $\pi/2+2\angle1+2\angle2=\pi$,对应 $f_{TA}=0.60$;而圆曲线半径折减系数 $f_{CA}=0.85$,故可得出通行能力:

$$C=C_b \cdot f_{TA} \cdot f_{CA}=1900\times0.60\times0.85=969 \text{ pcu/h}$$

5.1.6　各阶段通行能力取值汇总

对广韶高速公路改扩建施工各阶段通行能力进行分析汇总,结果见表 5-12。

表 5-12　施工期间各阶段通行能力取值汇总

施工各阶段		限速(km/h)	车道宽度(m)	路侧净宽(m)	基本通行能力修正(pcu/h)/单向
路基路面	路基施工	内车道80、外车道80	内车道3.50,外车道3.75	0.5	4208
	路面施工	内车道80、外车道80	内车道3.50,外车道3.75	0.5	4164
桥梁	桥梁基础及下部施工	内车道80、外车道80	3.75	0.5	3924
	桥梁上部拓宽施工和桥面铺装施工	内车道60、外车道60	3.75	0.5	3138
互通匝道	直接式匝道	30	3.50	—	1331
	环圈式匝道	30	3.50	—	768
	半直接式匝道	30	3.50	—	969

5.2　高速公路服务水平分析

5.2.1　高速公路服务水平概述

服务水平(level of service)的概念最早出现在 1965 年出版的《美国道路通行能力手册》(以下简称 HCM)。该手册把服务水平规定为描写交通流内的运行条件及其对驾驶员与乘客的感受的一种质量标准。用下述因素描述服务水平概念中的条件:速度、行驶时间、驾驶自由度、交通间断、舒适和方便。HCM 还根据描述因素将每种设施类型分为六级服务水平,用 A 到 F 六个字母加以区分。其中 A 级服务水平为最高服务等级,而 F 级服务水平最差。

《公路工程技术标准》(JTG B01—2014)根据交通运行状态,将公路服务水平划分为六级。

公路服务质量反映汽车运行质量,因此衡量服务水平的因素归纳起来主要有以下几个方面:

①驾驶员选择行驶车速的自由度、驾驶的疲劳程度和心理紧张程度;

②交通流密度与车辆平均运行速度;

③汽车运行费用等经济因素;

④服务流率。

由于上述因素相互之间有不同的联系,因此要从以上几个方面来综合分析服务质量是很困难的。如汽车运行费用应与公路工程费用结合起来考虑,但至今资料仍十分欠缺。因此,只能以其中最具有代表性的几种因素作为评定指标。现阶段考虑的主要因素是交通流状态、驾驶员驾驶水平、路段平均运行速度和最大服务流率。而同样条件下,行车自由度与车流密度和速度又是密切相关的。

5.2.2　高速公路服务水平计算

高速公路服务水平为相应的最大交通量与通行能力比,即 V/C,有:

$$V/C=MSF_d/C_R \tag{5-6}$$

式中:MSF_d——实际道路条件和交通条件每车道的最大服务交通量,pcu/(h·ln);

　　　C_R——实际设计速度对应的通行能力值,pcu/(h·ln)。

(1)实际道路条件和交通条件每车道的最大服务交通量 MSF_d 的计算

$$MSF_d=SF/(f_{HV}\times f_P\times N) \tag{5-7}$$

式中:SF——实际道路和交通条件下,单方向一条车道的服务交通量,pcu/h;

　　　f_{HV}——交通组成影响对流率的修正系数;

　　　f_P——驾驶员总体特性修正系数;

　　　N——道路单向车道数。

(2)关于 SF 的计算

$$SF=DDHV/PHF_{15} \tag{5-8}$$

式中:$DDHV$——单方向小时交通量。

$$DDHV=AADT\times K\times D \tag{5-9}$$

式中:$AADT$——日均交通量,pcu/h;

　　　K——设计小时交通量系数;

　　　D——方向不均匀系数,通常取 0.5,即按两个方向交通量无明显差异进行处理;

　　　PHF_{15}——15 min 高峰小时系数。

(3)实际设计速度 V_R 对应的通行能力 C_R 的计算

根据实际条件下的设计速度 V_R,查表 5-13 并通过内插法计算实际设计速度对应的实际通行能力 C_R;或者通过作图法(图 5-5)计算实际设计速度对应的实际通行能力 C_R。

表 5-13　理想条件下高速公路每车道的基本通行能力值

限制车速(km/h)	120	100	80	60	40
通行能力(pcu/h)	2200	2100	2000	1800	1600

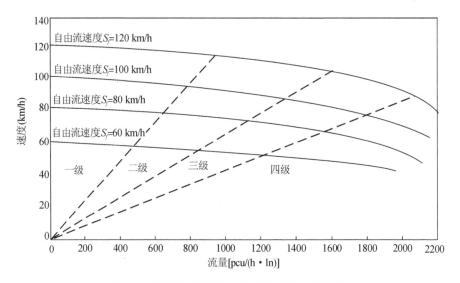

图 5-5 理想条件下速度-流量图服务水平分级

（4）实际设计速度 V_R 的确定

按照下式计算实际道路条件对理想设计速度的修正。

$$V_R = V_0 + V_W + V_N \tag{5-10}$$

式中：V_R——实际道路条件下的设计速度，km/h；

V_0——理想条件下的设计速度，km/h；

V_W——车道宽度和路侧净宽对设计速度的修正值，km/h；

V_N——车道数对设计速度的修正值，km/h。

5.2.3　高速公路服务水平指标

5.2.3.1　高速公路一般路段服务水平指标

（1）评价指标

选择衡量服务水平的主要指标，需根据不同形式的公路车辆运行规律的差异采取不同的指标。服务水平分级对于高速公路来说，其交通流是非间断流，从其速度-流量曲线上看，速度在自由流范围内是直线，这说明仅用速度作为衡量高速公路服务水平的指标是不够的，还必须考虑车辆间相互靠近的程度，即车头间距的大小，只有当车头间距达到一定程度后，才不会影响驾驶员自由选择车速。尽管驾驶员关心的是速度，但是驾驶员是根据车辆之间的相互间距来调节的，所有这些均可以通过交通流的另一个重要参数车流密度表现出来。因此，从车辆特征出发，宜选用车流密度、平均运行速度、交通流状态（比）和最大服务流率作为衡量高速公路服务水平的主要指标。

(2)服务水平等级划分

各国的服务水平等级划分条件不一,一般均根据本国道路交通的具体条件划分为 3～6 个。日本分为三个等级,美国定为六个等级,我国将服务水平划分为六个等级,如表 5-14 所示。

表 5-14　高速公路服务水平等级划分

| 服务水平 | V/C 值 | 设计速度(km/h) | | | 交通流量状况 |
| | | 120 | 100 | 80 | |
		最大服务交通量[pcu/(h·ln)]	最大服务交通量[pcu/(h·ln)]	最大服务交通量[pcu/(h·ln)]	
一	V/C≤0.35	750	730	700	交通流处于完全自由流状态,交通量小、速度快、行车密度小,驾驶员能自由或较自由地选择行车速度,行驶车辆不受或基本不受交通流中其他车辆的影响,在交通流内驾驶的自由度很大,为驾驶员和乘客提供的舒适度和便利性非常优越。较小的交通事故或行车障碍的影响容易消除,在事故路段不会产生停滞的排队现象,很快就能恢复到一级服务水平
二	0.35<V/C≤0.55	1200	1150	1100	交通流处于相对自由流动状态,驾驶员基本上可按照自己的意愿选择行驶速度,但是要注意到交通流内有其他驾驶者,驾驶员身心舒适水平很高,较小的交通事故或行车障碍的影响容易消除,在事故路段的运行服务情况比一级差些
三	0.55<V/C≤0.75	1650	1600	1500	交通流处于稳定流的上半段,车辆间的相互影响变大,选择速度受到其他车辆的影响,变换车道时驾驶员要格外小心,较小交通事故仍能消除,但事故发生路段的服务质量大大降低,严重的阻塞导致后面形成排队车流,驾驶员心情紧张

续表 5-14

| 服务水平 | V/C值 | 设计速度(km/h) | | | 交通流量状况 |
| | | 120 | 100 | 80 | |
		最大服务交通量[pcu/(h·ln)]	最大服务交通量[pcu/(h·ln)]	最大服务交通量[pcu/(h·ln)]	
四	0.75<V/C≤0.9	1980	1850	1800	交通流处于稳定流范围下限,但是车辆运行明显受到交通流内其他车辆的影响,速度和驾驶的自由度受到明显限制。交通量稍有增加就会导致服务水平的显著降低,驾驶人员身心舒适水平降低,即使较小的交通事故也难以消除,会形成很长的排队车流
五	0.9<V/C≤1.0	2200	2100	2000	为拥堵流的上半段,其下是达到最大通行能力时的运行状态。对于交通流的任何干扰,例如车流从匝道驶入或车辆变换车道,都会在交通流中产生一个干扰,交通流不能消除它,任何交通事故都会形成长长的排队车流,车流行驶灵活性极端受限,驾驶人员身心舒适水平很差
六	V/C>1.0	0～2200	0～2100	0～2000	是拥堵流的下半段,是通常意义上的强制流或阻塞流。这一服务水平下,交通设施的交通需求超过其允许的通过量,车流排队行驶,队列中的车辆出现停停走走现象,运行状态极不稳定,可能在不同交通流状态下发生突变

5.2.3.2 高速公路匝道服务水平及等级划分

(1)服务水平分级标准

匝道服务水平是用来衡量匝道为驾驶员、乘客所提供的服务质量的等级,其质量范围可以从自由运行、高速、舒适、方便、完全满意的最高水平到拥挤、受阻、停停走走、难以

忍受的最低水平。匝道交通流的服务水平分为四级,定性描述如下:

一级服务水平:代表不受限制或受限制小的交通流,车流密度很小,车辆自由行驶,不存在或有较少的相互干扰,车流状态为自由畅通,车辆以近似于自由流速的速度行驶。

二级服务水平:交通流中出现车队,车辆之间出现干扰,由于头车原因出现少量排队现象,但排队率还很小,车辆行驶速度仍很快,匝道上车辆对加减速车道及高速公路主线上的交通运行基本无影响。

三级服务水平:车流已经出现不稳定现象,车队长度增加,已接近匝道通行能力,车队中加减速频繁,车流状态为连续不断,车辆行驶速度明显下降,匝道上车辆对加减速车道及高速公路主线上的交通运行有一定的影响。

四级服务水平:交通流非常不稳定,常常出现停车现象,非常小的流量变化将严重影响整个匝道的运行质量,相互间车头时距处于连续流的临界值,车流状态为饱和,匝道上车辆对加减速车道及高速公路主线上的交通运行有较大的影响,主线上行车速度大幅降低。

(2)服务水平分级指标

一般来说,匝道服务水平和交通量有一定关系。不同的服务水平允许通过的交通量不同:服务水平等级高的道路车速快,驾驶员行驶的自由度大,舒适度与安全性好,但其相应的服务交通量小;反之,允许的服务交通量大,则服务水平等级就低。在考虑匝道服务水平时有多种选择,如行车速度和运行时间;车辆行驶的自由度(通畅性);交通受阻或受干扰程度,以及行车延误等;行车安全性(事故率和经济损失等);行车舒适性和乘客满意程度;经济性(行驶费用)等。但就匝道而言,难以全面考虑和综合上述因素,从评价指标数据获得的难易程度和可操作性角度出发,选取饱和度作为匝道服务水平等级评价指标最为合适。根据匝道车流量的饱和度指标来确定匝道服务水平等级,见表5-15。

表 5-15　高速公路匝道服务水平等级划分

服务水平等级	饱和度
一级	＜ 0.2
二级	0.2～0.5
三级	0.5～0.8
四级	＞ 0.8

5.2.3.3　服务水平分析结论

由广韶高速公路流量及路段通行能力分析服务水平,如表5-16所示。

表 5-16 广韶高速公路服务水平

路段名称	2022 年			2023 年			2024 年			2025 年			2026 年		
	流量(pcu/h)	V/C	服务水平等级	流量(pcu/h)	V/C	服务水平等级	流量(pcu/h)	V/C	服务水平等级	流量(pcu/h)	V/C	服务水平等级	流量(pcu/h)	V/C	服务水平等级
佛冈一升平	3528	0.56	三级	2895	0.77	四级	2953	0.80	四级	2326	0.63	三级	2399	0.65	三级
升平一汤塘	3097	0.49	二级	2541	0.69	三级	2592	0.71	三级	2228	0.61	三级	2298	0.63	三级
汤塘一鳌头	2724	0.43	二级	2282	0.56	三级	2353	0.58	三级	2349	0.58	三级	2423	0.60	三级
鳌头一机场北	3061	0.49	二级	2564	0.61	三级	2643	0.64	三级	2543	0.61	三级	2624	0.63	三级
机场北一北兴	3722	0.59	三级	3183	0.74	三级	2915	0.68	三级	2836	0.66	三级	2958	0.69	三级
北兴一钟落潭	3896	0.62	三级	3332	0.77	四级	3052	0.71	三级	2975	0.69	三级	3103	0.72	三级
钟落潭一金盆	4385	0.70	三级	3819	0.85	四级	3530	0.79	四级	3498	0.79	四级	3681	0.83	四级
金盆一太和	5324	0.85	四级	4642	0.99	五级	4293	0.94	五级	4202	0.92	五级	4423	0.96	五级

5.3　本章小结

　　本章首先针对在广韶高速公路改扩建施工过程中,各阶段出现的不同施工形式进行了通行能力的分析,包括基本路段的路基施工和路面施工通行能力分析,以及跨线桥、互通匝道等主要结构物的通行能力分析。为交通组织分流车型的确定、分流后服务水平的评估和保通方案的选择等提供了依据。

　　然后基于服务水平的概念和高速公路服务水平的计算方法和指标,进一步阐述了高速公路基本路段和匝道的服务水平评价指标,计算了改扩建期间服务水平,为项目路改扩建施工时的服务水平评价提供了理论基础。

第6章

保通模式及保通车道数分析

6.1 保通模式比选

高等级公路改扩建工程有以下三种基本施工及交通组织模式：

(1)双向全封闭模式

采用这种模式的一般有相应的平行道路、铁路或航线分流交通。这种模式对业主财务效益和国民经济效益影响很大，也对社会交通造成极大的不便，虽然便于控制改扩建施工的质量，但一般较大交通量的高等级公路改扩建工程不宜采用。

(2)半幅单向全封闭模式

该模式采取半幅封闭交通、半幅施工的组织方法，适用于道路出入口相隔距离较大(10 km 左右)、交通量不是很大、服务水平三级以上且有平行道路分流的可能情况。该改扩建模式的组织管理和质量控制也相对容易，对改扩建期间公路业主的财务收益和社会影响较小，需要与交通分流、交通管制相配合，半封闭路段不宜过长，也可能需要进行较多的夜间施工。

(3)边通车边施工模式

该模式适用于大交通量或特大交通量服务水平在三、四级以下，附近也没有合适的分流道路，一般来说，道路出入口相隔较近(2~5 km)的情况。该改扩建模式交通组织、施工组织与质量控制均较困难，一般情况下要严格限制作业区长度。该模式可能需要与交通分流、交通管制(如限制中型重型货车通行、入口限制车流或暂时封闭入口)以及利用夜间或周末交通量较小时段施工等措施相结合，也可采用半幅边施工边通车、另半幅借道通车的交通组织方式。

这三种交通组织模式特别是后两种模式常常综合运用，根据不同路段、不同季节、不同时段、不同的交通环境来选择并调整交通组织模式。

广韶高速公路交通量大,现在的服务水平基本处于三级至四级,根据广韶高速特点和主体工程施工方案,以及周边路网广州北二环改扩建(目前处于施工图阶段)和广深改扩建(目前处于初步设计阶段)均为六改十项目,目前均采用保六通行的边通车边施工模式,广韶高速目前也建议采用边通车边施工模式。

6.2　保通车道数分析论证比选

6.2.1　双向四车道保通

第一阶段(图 6-1):原有土路肩波形梁护栏维持现状,从土路肩边缘开始进行清表、削坡、挖台阶及正常填筑。施工期间主线维持双向六车道通车,全线维持双向六车道通行,车辆在原有路面上正常双向行驶。对于未设置护栏的路段,需要设置临时隔离防护设施。

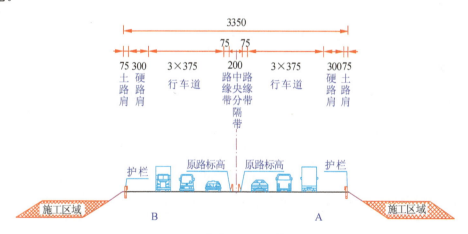

图 6-1　双向四车道保通施工第一阶段方案

第二阶段(图 6-2):路侧路基拼宽,保持双向六车道正常通行,并切除全部硬路肩(部分路段不切除硬路肩),两侧路面拼宽部分施工至上面层;敷设通信设施、完善道路排水防护设施,左右幅同时需要完成路侧永久护栏及路侧标志等设施施工。全线维持双向六车道通行,车辆在原有路面上限速双向行驶。

第三阶段(图 6-3):封闭道路 B 幅,将交通转移至道路加宽的 A 幅通车。施工期间 A 幅维持双向四车道通行,在相应的位置设置小车专用道和大型车辆靠右的交通标志。对 B 幅路面施工,完成新旧路面衔接及加铺罩面,并设置相应的临时交通标志、标线。

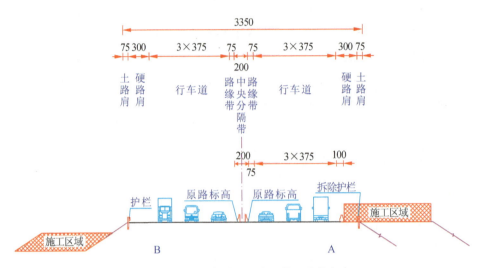

图 6-2　双向四车道保通施工第二阶段方案

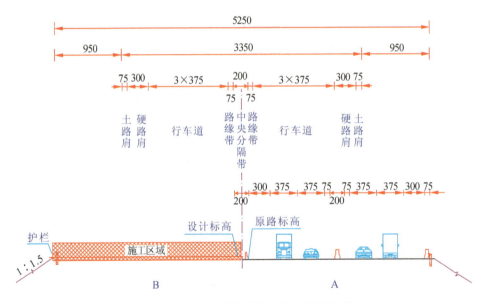

图 6-3　双向四车道保通施工第三阶段方案

第四阶段(图 6-4)：在 B 幅道路施工完毕,相应的交通标志、标线、护栏等均施工结束后,将原 A 幅道路上双向行驶的交通量转移到新建的 B 幅道路上。封闭道路 A 幅,进行路面面层修补罩面施工,将旧路面与新铺路面进行接缝处理。施工期间,B 幅道路维持双向四车道通行,在相应的位置设置小车专用道和大型车辆靠右的交通标志。

第五阶段(图 6-5)：道路路基路面改建工程完毕,相应的交通设施均配备齐全后,车辆在双向十车道上行驶。

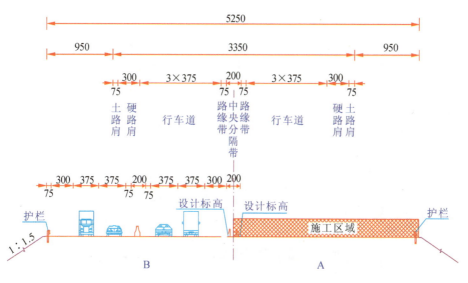

图 6-4　双向四车道保通施工第四阶段方案

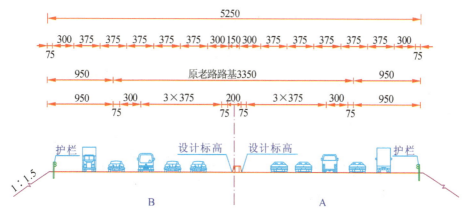

图 6-5　双向四车道保通施工第五阶段方案

6.2.2　双向五车道保通

第一阶段(图 6-6)：路侧硬路肩及护栏维持原状，从土路肩边缘开始进行削坡、挖台阶及正常填筑，全线维持双向六车道通行。

第二阶段(图 6-7)：A 幅道路拆除原有护栏及防撞墙，设置连续临时防撞隔离设施，路基加宽部分进行基层及路面施工(施工至原路标高)，全线实行对向六车道通行。本阶段施工后期，考虑施工并完成 A 幅路侧的永久护栏。

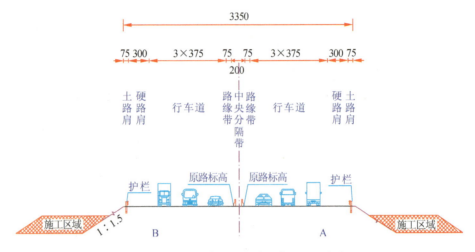

图 6-6　双向五车道保通施工第一阶段方案

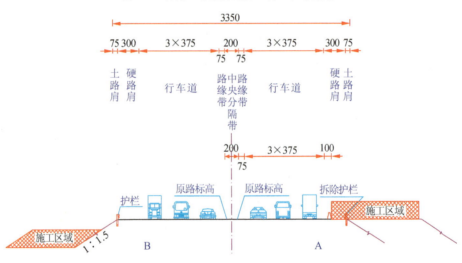

图 6-7　双向五车道保通施工第二阶段方案

第三阶段(图 6-8):将道路上所有车辆转移至 A 幅,A 幅双向五车道通行,B 幅封闭施工;工作内容为 B 幅,剩余的工作包括纵断抬升、路面病害处理、路面罩面施工等,并设置 B 幅永久护栏、标志及标线,完成 B 幅 ETC 门架横梁接长、立柱安装、设备调试等。

第四阶段(图 6-9):将道路上所有车辆转移至 B 幅,B 幅双向五车道通行,A 幅封闭施工;工作内容为 A 幅,剩余的工作包括纵断抬升、路面病害处理、路面罩面施工等,并设置 A 幅永久护栏、标志及标线,完成 A 幅 ETC 门架横梁接长、立柱安装、设备调试等。

第五阶段(图 6-10):A 幅施工完毕后,完成其他附属设施等,最终实现双向十车道通行。

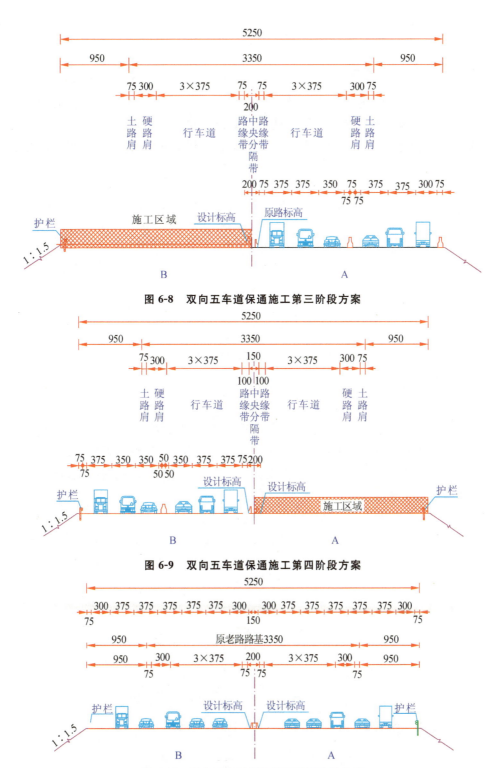

图 6-8　双向五车道保通施工第三阶段方案

图 6-9　双向五车道保通施工第四阶段方案

图 6-10　双向五车道保通施工第五阶段方案

6.2.3 双向六车道保通

第一阶段(图 6-11):原有土路肩波形梁护栏维持现状,从土路肩边缘开始进行清表、削坡、挖台阶及正常填筑。施工期间主线维持双向六车道通车,全线维持双向六车道通行,车辆在原有路面上正常双向行驶。对于未设置护栏的路段,需要设置临时隔离防护设施。

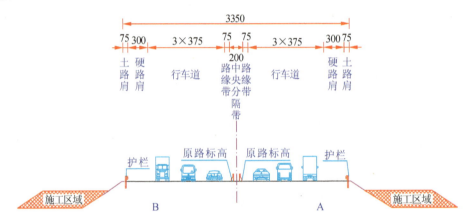

图 6-11 双向六车道保通施工第一阶段方案

第二阶段(图 6-12):路侧路基拼宽,保持双向六车道正常通行并切除全部硬路肩(部分路段不切除硬路肩),单侧路面拼宽部分施工至上面层;敷设通信设施、完善道路排水防护设施,同时完成部分永久护栏及路侧标志等设施。全线维持双向六车道通行,车辆在原有路面上限速双向行驶。

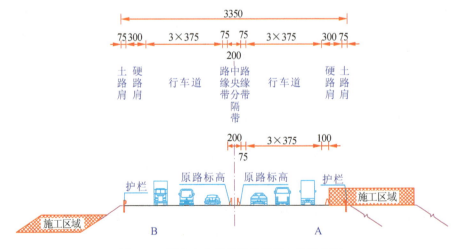

图 6-12 双向六车道保通施工第二阶段方案

第三阶段（图 6-13）：封闭道路 B 幅，将交通转移至道路加宽的 A 幅通车。施工期间 A 幅维持双向六车道通行，在相应的位置设置小车专用道和大型车辆靠右的交通标志。对 B 幅路面施工，完成新旧路面衔接及加铺罩面，并设置相应的临时交通标志、标线。

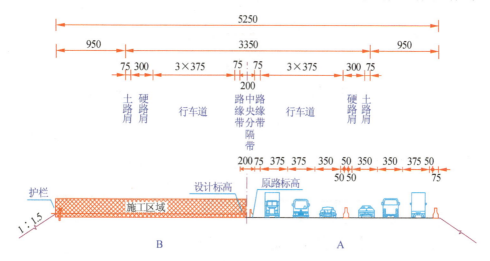

图 6-13　双向六车道保通施工第三阶段方案

第四阶段（图 6-14）：在 B 幅道路施工完毕，相应的交通标志、标线、护栏等均施工结束后，将原 A 幅路面上双向行驶的交通量转移到新建的 B 幅道路上。封闭道路 A 幅，进行路面面层修补罩面施工，将旧路面与新铺路面进行接缝处理。施工期间，B 幅道路维持双向六车道通行，在相应的位置设置小车专用道和大型车辆靠右的交通标志。

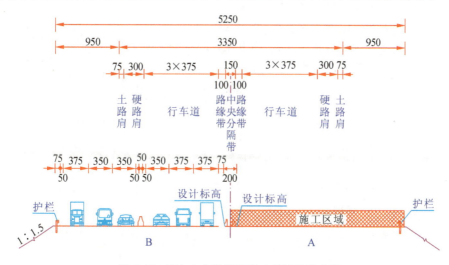

图 6-14　双向六车道保通施工第四阶段方案

第五阶段（图 6-15）：道路路基路面改建工程完毕，相应的交通设施均配备齐全后，车辆在双向十车道道路上行驶。

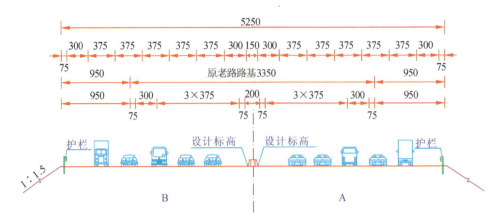

图 6-15 双向六车道保通施工第五阶段方案

6.2.4 多车道数保通方案比选

对保通车道数进行分析论证,从总体设计适应性、工程规模、交通管理难度、通行能力、通行费损失、对周边路网影响程度、转向交通量影响程度等方面进行综合比选,得出结论如表6-1所示,广韶高速改扩建工程最终推荐采用保双向六车道通行方案。

表 6-1 保通方案综合比选表

方案	保双向四车道通行	保双向五车道通行	保双向六车道通行
总体设计适应性	对工点施工有较好的适应性;两次交通转换次数;对于施工区的安全性和便利性都有较好的保障	对工点施工有较好的适应性;两三次交通转换次数;对于施工区的安全性和便利性都有较好的保障	对工点施工有较好的适应性;两三次交通转换次数;对于施工区的安全性和便利性都有较好的保障
工程规模	临时交通安全设施的费用相差不大	单侧通过压缩车道宽度可以预留出紧急停靠带	需要额外设置紧急停靠点以及额外征地
交通管理难度	交管难度较小	交管难度小	交管难度较大
通行能力	大幅削弱了通行能力	比现状通行车道数少一个,通行能力减弱	维持了现状通行车道数,通行能力略微减弱
通行费损失	大	小	较小
对周边路网影响	大	小	较小
转向交通量影响	大	小	较小

6.3　本章小结

　　本章对高等级公路改扩建工程三种基本施工及交通组织模式,即双向全封闭模式、半幅单向全封闭模式、边通车边施工模式进行分析比选,结合广韶高速特点和主体工程施工方案,以及周边路网改扩建项目的保通模式,建议广韶高速改扩建采用边通车边施工模式,最终推荐采用保双向六车道通行方案。

第7章

区域路网分流研究

7.1 分流必要性分析

依据技术规范以及高速公路改扩建工程实践经验,高速公路服务水平达到二级下限时,可考虑进行改扩建,施工期间保证服务水平达到三级,可进行边施工边通车组织。充分利用各施工阶段道路路网及交通设施,将主动分流与被动分流、定性与定量相结合,对整体路网进行合理分流是项目施工期间分流的目标。

广韶高速公路施工期间以中长途区间交通为主,总体上,广韶高速公路施工期间在不低于三级服务水平的情况下不考虑强制分流。

7.1.1 项目路改扩建期间的交通量

由第4章流量预测可知,广韶高速公路施工期间各路段日平均流量如表7.1所示。

表 7-1 广韶高速建设期交通量预测结果(单位:pcu/d)

路段	2022 年	2023 年	2024 年	2025 年	2026 年
佛冈—升平	68819	56463	57592	45358	56355
升平—汤塘	60399	49555	50545	43450	49364
汤塘—鳌头	53135	44512	45884	45813	44868
鳌头—机场北	59695	50008	51549	49603	50656
机场北—北兴	72589	62082	56861	55319	62866
北兴—钟落潭	75982	64984	59519	58028	64976

路段	2022 年	2023 年	2024 年	2025 年	2026 年
钟落潭—金盆	85533	74494	68844	68224	74758
金盆—太和	103841	90545	83725	81948	90997
全线平均	72499	61580	59314	55967	61855
同比增长	3.48%	−15.06%	−3.68%	−5.64%	10.52%

7.1.2 项目路改扩建期间的通行能力

项目路施工期间通行能力受施工影响将会降低,保证在六车道通行、客货分车道限速行驶条件下,结合路面实际情况,各段通行能力需分开考虑。

广韶高速公路路面施工期间限速 80 km/h,三级服务水平下所能通过的流量达到 52646 pcu/d,正常情况下,六车道保通方式基本可满足广韶高速公路改扩建期间交通需求。

7.1.3 项目路周边路网情况

广韶高速公路周边路网主要有 S1 广连高速、G45 大广高速、国道 G106、国道 G105、省道 S252、省道 S381、省道 S118。其中,除个别路段运行状况欠佳、存在危桥以及路面破损严重外,周边其他道路服务水平较高,基本处于一级和二级服务水平,且周边大部分道路路面情况良好,具备施工期间良好的分流条件。

7.1.4 分流必要性

广韶高速公路正常情况下基本能够承担施工期间的交通需求,周边路网分流条件较好,局部时段及局部路段流量较大。施工期间的一些特殊情况(如节假日、旅游旺季、交通事故及恶劣天气等)将导致项目承担的流量大幅度下降,不能保证施工期间三级服务水平。

综上所述,广韶高速公路原则上维持全线扩建施工六车道保通不分流,辅以区域路网诱导、路段管制等相关措施;考虑到施工期间的一些不定因素,如节假日、交通事故或恶劣天气等,通行能力急剧下降,需结合三级控制点进行分流,从诱导点到分流点,再到管制点,维持项目路施工期间三级服务水平。具体路段分流需结合具体流量情况分析,分流主要从各互通节点进行控制。

7.2 分流的时机选择

高速公路三级服务水平下,司机选择车辆运行速度的自由度受到很大限制,行驶车辆受其他车辆干扰较大,但交通流处于稳定流状态,已接近不稳定流范围,流量稍有增长,就会导致交通拥挤,服务水平显著下降。对于项目路改扩建期间的低车速行驶,交通流较为稳定,"通而不畅"的状态可保证广韶高速公路在施工期间满足交通需求的同时,行车更安全、稳定。

广韶高速公路各施工时段正常情况下大部分路段服务水平在三级范围内,正常情况下无须强制分流。针对局部流量较大路段进行针对性分流,以诱导为主,采用三级分流点进行施工信息发布。

针对各诱导点,主要通过设置标牌,将广韶高速公路改扩建信息及时发布出去,诱导驾驶员作出自己的路线选择,不提供路线建议。

各分流点处,同样也需设置各种信息标牌,让驾驶员了解广韶高速公路施工进展以及路面行驶状况,实时地提供路线建议,但仅限于诱导建议,驾驶员有自己的自由选择权。

各管制点处分流主要通过两种方式:一种方式是限制互通节点处车辆驶入广韶高速公路;另一种是对流量较大路段在临近互通处提前进行强制分流,以保证该路段最低服务水平达到三级要求。在无须分流的情况下,实时地采取第一种分流方式可保证项目路通行条件更好。

7.2.1 各施工阶段分流分析

第一时段:完成路基加宽至路床顶面、上跨桥的拆除、新建工程施工及主线新拼宽桥梁施工。

根据本阶段施工的道路条件及施工情况,各路段服务水平计算如表 7-2 所示。

表 7-2 第一时段服务水平一览表

路段名称	第一时段		
	流量(pcu/h)	V/C	服务水平等级
佛冈—升平	2895	0.77	四级
升平—汤塘	2541	0.69	三级
汤塘—鳌头	2282	0.56	三级
鳌头—机场北	2564	0.61	三级

续表 7-2

路段名称	第一时段		
	流量（pcu/h）	V/C	服务水平等级
机场北—北兴	3183	0.74	三级
北兴—钟落潭	3332	0.77	四级
钟落潭—金盆	3819	0.85	四级
金盆—太和	4642	0.99	五级

　　本阶段大部分路段能够保证三级服务水平，正常路段无须分流，受广连高速公路从化段通车影响，部分路段无法保证三级服务水平，需进行分流。

　　第二时段：两侧新建路面与老路面齐高。

　　根据本阶段施工的道路条件及施工情况，各路段服务水平计算如表 7-3 所示。

表 7-3　第二时段服务水平一览表

路段名称	第二时段		
	流量（pcu/h）	V/C	服务水平等级
佛冈—升平	2326	0.63	三级
升平—汤塘	2228	0.61	三级
汤塘—鳌头	2349	0.58	三级
鳌头—机场北	2543	0.61	三级
机场北—北兴	2836	0.66	三级
北兴—钟落潭	2975	0.69	三级
钟落潭—金盆	3498	0.79	四级
金盆—太和	4202	0.92	五级

　　本阶段大部分路段能够保证三级服务水平，无须分流，受从埔高速公路、佛清从高速公路、国道 G106、机场高速改扩建通车的影响，钟落潭—太和段需要进行少量分流。

　　第三时段：完成老路面改造；主线桥梁老桥加固改造。维持现状六车道通行，能够保证三级服务水平，不需要分流。

　　第四时段：完成路面面层摊铺，主线新旧桥梁拼接及桥面摊铺，全断面开放交通。本阶段路面及桥面已经施工完毕，基本能够保证双向十车道通行，能够保证项目路的通行能力，不需要分流。

　　第五时段：附属工程施工，全面建成通车。

7.2.2 项目路的分流时机选择

2021 年广韶高速钟落潭—金盆段服务水平为三级,金盆—太和段服务水平已达到四级。施工期间佛冈—金盆段可维持四级及以上的服务水平,金盆—太和段为五级服务水平。

《高速公路改扩建交通组织设计规范》(JTG/T 3392—2022)规定保通路段服务水平低于四级时应进行分流方案设计,并适时启动分流。

广韶高速施工期间以长途过境交通为主,总体上,施工期间在不低于四级服务水平的情况下,不考虑强制分流。佛冈—金盆段施工期间可维持四级及以上的服务水平,不考虑强制分流;金盆—太和段为五级服务水平,需对金盆—太和段进行强制分流。此外,对特殊关键施工点(如上跨天桥等)可能需要强制分流某些车型,同时在节假日车流量高峰期、发生交通事故、恶劣天气等情况下需进行交通管制,分流部分车辆。

7.3 分流车型

7.3.1 国内高速改扩建分流车型介绍

分流车型的选取是高速公路改扩建交通组织的一个重要环节。目前,随着我国经济社会不断发展,交通需求增加,国内已有多条高速公路已实施或正在实施改扩建,其在交通组织上的成功经验,为高速公路改扩建项目分流车型的确定提供了宝贵的参考意见。

对国内已改扩建高速进行深入分析,从周边路网状况、车型构成、施工期间通车条件、分流收费损失进行对比分析,最后针对最终实施的分流车型进行阐述。如表 7-4 所示。

表 7-4 国内部分高速公路改扩建分流车型对比分析

公路	周边路网状况	车型构成	施工期间通车条件	分流收费损失	分流车型
沪宁高速	路网发达,以国(省)道为主,多为一级路,在沪宁改扩建期间其平行道路 S312 同时改建	以小客车为主,大型货车占 5%,小中型货车占 30%	路段:第一阶段双向四车道;第二阶段半幅双向两车道;第三阶段半幅双向四车道。关键点:两车道	2004 年 6 月至 12 月货车分流期间,日均通行费收入比去年同期下降 40.39%	大中型货车分流

公路	周边路网状况	车型构成	施工期间通车条件	分流收费损失	分流车型
广清高速	路网发达,多为国(省)道和环城高速,技术等级为二级及以上	小型客车占45.43%,大型货车占15.18%	路段:整个施工阶段半幅单向四车道通行。关键点:两车道	半幅强制分流,损失11258.79万元	强制分流半幅交通流
连霍高速潼宝段	周边路网欠发达且技术等级低	部分路段大货车及以上比例大,依据潼关收费站资料,该处大货车及以上比例为48.6%	路段:施工期间主线双向四车道通行。关键点:两车道	货车分流,通行费损失达77.3%	大小客车、中小货车

由以上分析可知,每条高速都有自身特点,依据实际情况选择合理的分流车型,归纳如表7-5所示。

表 7-5　国内部分高速公路改扩建时分流车型依据

改扩建项目	分流车型	分流车型选择的依据
沪宁高速	货车	1.周边分流路网较为发达,技术等级高,能满足重型运输的需要; 2.分流货车后,施工期间项目路能维持到较高的服务水平和安全水平; 3.分流货车的收费损失在可接受范围; 4.客运比重大,社会影响大,不适合分流客车
广清高速	强制半幅分流	地方路网分流基本可以承受;收费损失相对不大
连霍高速潼关至宝鸡段	大小客车、中小货车	1.周边分流路网技术等级低、线形差,路面及桥梁承载力不足,难以满足重型运输的需要; 2.大货车比例高,分流大货车会导致收益大幅降低

在高速公路改扩建交通组织的研究中,选择分流车型要考虑通过车辆运行特性以及对改扩建施工影响程度;要分析区域公路网的技术状况和通行能力;还应根据区间交通需求的性质和交通出行分类以及通行安全、经济收益、管理措施等综合因素,以交通组织设计原则为基础,确定适合通行环境和条件的车型,进行科学合理的分流。

7.3.2　分流车型选择原则

分流车型的选择应遵循以下原则：

（1）与施工方案紧密结合，保障施工顺利实施的原则

分流车型的选取应与施工方案紧密结合，根据不同施工阶段所能够提供的通行条件差异，合理地选择分流车型，保障改扩建施工的顺利实施。

（2）保障安全的原则

分流车型的选取，必须保障运营车辆及其乘客的行驶安全，同时也必须保障施工车辆和施工人员的安全。

（3）周边路网的技术等级能够承载分流车型的原则

分流车型的选取，应考虑周边路网的技术等级。货车对行驶道路的等级和质量要求高，客车适合各种等级的道路通行。

（4）适应项目路施工期间通行能力变化的原则

高速公路改扩建交通组织中，分流的前提是尽可能将改扩建高速公路的交通量控制在施工期的道路通行能力范围内，并充分利用高速公路的道路资源。因此，结合车辆构成特性，选取合理的分流车型，以适应项目路施工期间通行能力变化。

（5）可操作性原则

可操作性是指针对某一项目，其工作研究成果应迅速反映到现实中，并指导项目的实施和顺利完成。分流时，应选择操作性强的车型进行分流。

（6）征费收益最佳原则

高速公路为经营性设施，在满足分流要求的前提下，要选择导致征费收益损失最小的车型进行分流，确保征费收益最佳。

（7）社会效益最大化原则

分流时，应选择公众接受度高，社会影响、环境影响小的车型，确保社会效益最大化。

7.3.3　交通构成分析

广韶高速公路车型构成比例统计数据见表5-8，分流宜分别按大、中型货车，小型货车和大、中型客车，小型客车三种优先顺序进行。其中，大、中型货车分流为第一优先级，小型货车和大、中型客车分流为第二优先级，小型客车分流为第三优先级。在分流对象上依据车型进行划分，即大型货车、小中型货车、客车，其中客运车辆通常为第一优先级，小中型货车为第二优先级，大货车为第三优先级。通常情况下，货车是需要分流的，因此根据施工期间，在不同的施工阶段对大型货车、中型货车进行分流。

7.3.4 不同分流车型影响分析

(1)对通行能力的影响

影响高速公路改扩建作业区通行能力的因素很多,主要包括封闭和开放车道数目、封闭车道的位置、大车率、封闭车道的侧向距离、作业区长度、工作持续时间等。其中,大车率是其中比较重要的因素之一。大型车在道路上要占用更多的空间,其加(减)速比小汽车要慢,因而交通流中大型车的比例不可避免地将对道路通行能力产生影响。国内学者对此进行了研究,相关研究情况如下:

在同等试验条件下,大车率分别取 0%、5%、10%、12%、20%、25%、30%、35%情况下,作业区通行能力的损失情况如表 7-6 所示,作业区通行能力随大车率的变化趋势如图 7-1 所示。

表 7-6 作业区通行能力值随大车率的变化

项目	大车率(%)							
	0	5	10	15	20	25	30	35
作业区通行能力(pcu/h)	1905	1764	1632	1576	1502	1451	1394	1360
折减百分比(%)	0.00	7.40	14.33	17.27	21.15	23.83	26.82	28.61
单位大车率折减百分比(%)	0.00	1.48	1.43	1.15	1.06	0.95	0.89	0.82

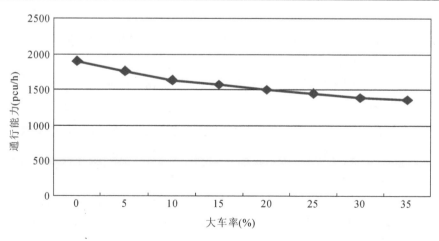

图 7-1 作业区通行能力随大车率的变化趋势

从表 7-7、图 7-1 可以看出,大车率对作业区的通行能力影响很大,车流中每增加 1%的大型车,作业区的通行能力要下降约 1%。

表 7-7、图 7-2 反映的是在其他条件不变、不同限速条件下,大车率对作业区通行能力

的影响。从中可以发现,在不同的限速条件下,大车率增大,作业区通行能力会随之减少。

表 7-7　不同限速条件下,不同大车率对作业区通行能力的影响(单位:pcu/h)

限速(km/h)	大车率(%)							
	0	5	10	15	20	25	30	35
60	1708	1652	1579	1539	1495	1441	1405	1361
80	1901	1755	1630	1575	1506	1450	1406	1365
120	1905	1764	1632	1576	1502	1451	1394	1360

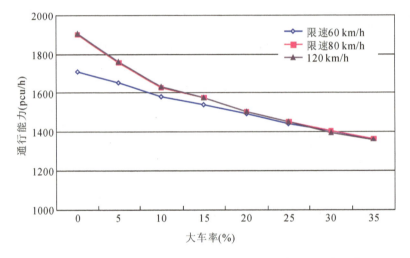

图 7-2　不同限速条件下,作业区通行能力随大车率的变化趋势

(2)对通行费收益的影响

广韶高速公路改扩建采取边施工边通车模式,施工期间的车辆分流方案对通行费收益有较大影响。根据广韶高速公路交通量预测结果和收费标准对分流方案的经济效益进行分析,主要为通行费收入损失分析。由于货车按计重收费,而客车主要根据行驶里程进行衡量,货车收费占高速收费比率更大,分流货车收费损失较大。

(3)对交通安全影响

大车混入率与交通事故率成正比,车流量与交通安全潜在危险性成正比。广韶高速公路承载交通量现状绝对数大,车流客车比重与货车持平,平均客货比约为 2∶1,分流货车可降低大车混入率,直接降低路段发生交通事故的潜在危险。且分时段分路段改扩建保通时,大车比例越小,则越有利于局部瓶颈节点保畅及路侧安全,进而保障全路段车流稳态通行。

（4）对施工影响

广韶高速公路沿线构筑物类型和数量较多，当实施六车道保通方案时，同等工况、路况条件下，客车占用道路面积及汽车综合性能均优于货车，而改扩建工程施工对广韶高速公路的基本通行能力、路段及路侧行车安全、局部瓶颈节点交通疏导均造成一定程度的影响。施工区交通流内货车比重越小，则对保证施工区作业安全、施工车辆及人员安全、行车安全、车流顺畅等越有利。此外，当遇到特殊情况需进行施工区局部交通量应急疏导时，由于施工区路宽及路况受限，货车所需转弯半径、最小车道宽、单车车长等均大于客车，不利于短时高效疏导车流，不利于交通事故的快速安全处理。

7.3.5　分流车型选取

从对周边路网的影响、对广韶高速公路自身的影响，以及对社会影响几个方面综合考虑，广韶高速公路客车分流、货车分流主要影响对比分析见表 7-8。

表 7-8　广韶高速公路分客、分货影响对比分析

车型	指标				
	周边路网影响	通行能力影响	交通安全影响	施工影响	收费损失
货车分流	降低周边路网的安全水平，对道路设施破坏程度大，对分流路网的等级要求高	有利于广韶高速公路通行能力的提高	有利于广韶高速公路交通安全水平的提高	有利于施工安全水平、施工质量的提高，降低养护成本	收费损失大
客车分流	对周边路网影响相对较小，对分流路网等级要求低	增加施工期间广韶高速公路通行能力的损失	货车比例增加，加大了广韶高速公路发生交通事故的概率	货车比例增加，对施工安全、施工质量影响大，增加未来道路的养护成本	收费损失小

结合广韶高速公路改扩建工程的实际情况，分流车型宜选择对区域交通整体运行影响较小的车型，在不同的施工阶段对大型货车、中型货车进行分流。具体分析如下：

（1）路网现状：项目影响区域路网，主要有 S1 广连高速、G0423 乐广高速、S14 汕湛高速、G45 大广高速、国道 G106、国道 G105 等高速和国（省）道。

（2）通行费收益：高速公路为经营性设施，货车分流产生的收费损失较大，但货车分流相较于客车分流而言，增加的收费损失在可接受范围内。

（3）通行能力、服务水平：货车（特别是大型及以上车型）较客车而言，对通行能力的影响更大，在改扩建过程中，由于需要封闭部分车道，对通行能力的影响较大，为避免进

一步地增加通行能力的损失,建议诱导分流货车,提高项目路的服务水平。

(4)社会效益:分流货运交通,可以满足客运服务水平的高要求,体现公共交通优先,展现"以人为本"的理念。

分流宜分别按大型车辆、中型车辆、小型客车的优先级顺序进行。宜采用大型车辆分流为第一优先级,中型车辆分流为第二优先级,小型客车分流为第三优先级。

广韶高速客车以一型客车为主,占所有客车的 97.17%;货车中,一型、二型、三型、四型及五型货车占 16.90%,六型货车占 16.00%。

7.4 分流目标及原则

7.4.1 分流目标

在项目路进行交通分流要达到的目标就是确保正常情况下广韶高速公路施工期间交通运行"通而不畅",维持不低于四级服务水平;特殊情况的应急分流需充分利用各施工阶段道路路网及交通设施,将主动分流和被动分流相结合、定性与定量相结合,对整体路网进行合理分流,并辅以必要的管理手段,保障广韶高速公路在不中断交通条件下施工正常进行,保证沿线各段交通运行顺畅。

7.4.2 分流原则

在进行分流控制时要遵循以下原则:

(1)保障施工顺利进行的原则。任何交通组织措施,不能彻底地解决施工带来的交通问题,因此需要牺牲一定的服务水平来保证施工的顺利进行。

(2)因地制宜的原则。充分考虑不同类型交通流的实际特点,分别制定科学、合理的分流方案。

(3)充分发挥干线公路网潜在效率的原则。为保障不同层次公路运输的便捷畅通,在分流过程中,应充分考虑具体线路的功能定位,尽可能在高速公路网、国省干线公路网内部消化分流车辆,减少对局部区域内的微交通干扰和影响。

(4)源头疏导、多级分流的原则。充分利用区域路网资源,从交通需求产生和吸引的源头上引导、疏导部分交通量远离改扩建项目实施区间,减轻运输通道的通行压力,并按照分流点设置方案多级分流。

(5)尽可能减少交通用户抱怨原则。分流方案应当科学合理,尽量提高路网的服务水平,保证交通用户的通行顺畅。

（6）尽量减少对主线通行能力、服务水平、安全水平影响的原则。分流方案应当尽量保证主线畅通，协调施工便利与交通顺畅之间的矛盾。

（7）科学地分车型优选路径分流，尽量减少收费损失原则。不同级别的分流点以及不同分流路径对车型的选择不同，在尽量保通的过程中，应当尽量减少收费损失。

（8）分流方案连续性的原则。不同分流时段的分流方案及同一分流时段不同情况下的分流方案都应当具有连续性，以便于改扩建期间具体分流方案的实施。

7.5　分流路径

广韶高速公路所承担的交通流可以概括为三种主要类型：一是长途过境交通，二是中长途区间交通，三是短途区内交通。

表 7-9　广韶高速公路交通量区间组成

交通流类型	长途过境交通	中长途区间交通	短途区内交通
佛冈至广州太和段	80％	16％	4％

广韶高速以长途过境交通为主，考虑主要通过高速公路进行分流，结合周边路网分析情况，推荐分流路径如下：

（1）长途过境交通和中长途区间交通分流路径

路径一（图 7-3）：S1 广连高速

图 7-3　长途过境交通和中长途区间交通分流路径一：S1 广连高速

广连高速清远段已于 2021 年年底建成通车,从化段于 2023 年通车,可以较好地分流广韶高速改扩建施工期间的交通流量。

路径二(图 7-4):G45 大广高速＋S1 广连高速

图 7-4 长途过境交通和中长途区间交通分流路径二:G45 大广高速＋S1 广连高速

路径三(图 7-5):G45 大广高速＋从埔高速

图 7-5 长途过境交通和中长途区间交通分流路径三:G45 大广高速＋从埔高速

在改扩建工程启动前,从埔高速预计已建成通车,可以起到分流作用。

(2)短途区内交通分流路径

路径一(图7-6):G105

图7-6　短途区内交通分流路径一:G105

路径二(图7-7):G106

图7-7　短途区内交通分流路径二:G106

G106 线有数座桥限轴重,限轴重 13 t,限重 30 t;有两座危桥施工,禁止大车行驶,限宽 2.2 m,需要通过钢便桥。G106 线改扩建将于 2025 年通车。

7.6 分流点设置

施工道路的交通拥挤,一方面是由于施工路段通行能力下降,另一方面是缺乏必要、及时的流量信息和分流诱导措施,致使驾驶员无法提前选择合理路线,造成交通量在路网上分布不均衡。

通过在适当地点设置分流点,一方面,可以推荐服务水平较高的行驶路线以辅助驾驶员优选路线,充分利用现有路网有效地缓解交通拥挤;另一方面,极大方便了交通管理部门对施工路段进行交通管制,制定有效的强化分流引导方案。

7.6.1 分流点的主要功能

(1)信息集中发布的功能

从分流点的功能来看,路网分流点首先应是各种必要的行车信息集中发布的平台或场所。行车信息包括:分流路径信息、道路预警信息、管制措施信息、前方道路流量信息以及其他综合服务信息。对于公路使用者来说,及时、详细的行车信息是构成其对行驶路线选择的重要诱因。因此,通过设置分流点让车辆驾驶员提前掌握各种相关道路信息,可以有效地实现对路网资源的最大化利用,并减少不必要的延误和混乱。

(2)实现分流路径无缝衔接的功能

在广韶高速公路施工期间,对长途过境型交通提供了适当的分流路径,将各种分流路径有机地衔接起来,发挥更大的功能,则是分流点主要功能之一。

(3)强化交通管制措施的功能

作为交通分流组织方案的基础平台,分流点除了上述的功能以外,还是实现强化交通管制的主要措施之一。一般情况下,在路网分流点主要设置各种醒目的预告、警示、指路以及分流标志,并配备交通警察指挥岗,重要分流点还应实行 24 小时现场指挥,以减轻施工路段的交通压力。

7.6.2 分流点设置

在拟定研究区域内的诸多分流路径后,需要在更大范围的路网中提前设置分流点,在省界以外对大量过境和始发交通流提前预告,起到疏导和必要的交通管制作用。

设置总原则如下：

①按流量流向需求布设、减少干扰；

②逐层上游疏导、由远及近、地区协调组织；

③分级分类，按作用功能级配优选。

以上述设置原则为指导，考虑设置三级路网分流点，分别为诱导点、分流点和管制点。

①诱导点 4 个：分别设置在项目影响区外围路网的重要节点和京港澳高速出入口处，其主要功能为诱导交通、尽量分离过境交通。诱导点以标志、可变情报板等手段发布交通分流信息为主，不要求交通管理人员值勤强制分流。广韶高速诱导点在京港澳高速改扩建段起始端影响范围内设置。

②分流点 5 个：沿京港澳高速公路和区内路网的主要交叉口布设，以强制性的交通疏导为主要功能，并考虑设置部分临时交通管制设施。

③管制点 2 个：在京港澳高速公路改扩建段前后以强制性交通管制为主要手段，解决出现堵路时的交通疏解问题。

诱导点、分流点和管制点在相关道路的设置情况，见表 7-10。

表 7-10　三级分流点设置一览表

序号	诱导点	分流点	管制点
1	广连高速—汕湛高速（枢纽）	升平互通	钟落潭互通
2	花莞高速—机场二高（枢纽）	汤塘互通	鳌头互通
3	大广高速—汕湛高速（枢纽）	机场北枢纽互通	
4	大广高速—乐广高速（枢纽）	北兴互通	
5		太和枢纽	
小计	4	5	2

7.7　本章小结

本章分析了广韶高速公路分流的必要性，并选取了分流车型，依据分流目标及原则设置分流点，依据施工交通组织时段分析路网分流需求，保证施工期高速公路通行能力保持在四级服务水平以上。

第 8 章

六车道保通断面参数研究

国内常规高速公路改扩建通常为四车道高速公路改八车道高速公路,该类改扩建交通组织方案相对成熟,但是六车道保通工程实例少,可直接利用的工程经验或成果严重不足。

广韶高速是连通珠三角核心区与粤北的交通大动脉,交通量非常大。项目改扩建需对枢纽互通、高边坡、拆除重建上跨分离式桥梁和局部路段纵面进行改造,对现有交通通行影响大。针对项目推荐的路基宽度,开展六车道保通条件下的断面参数研究,研究内容包括改扩建期间断面布置方案研究和改扩建期间分车道行驶方案研究。

8.1 作业区车道宽度研究

8.1.1 国外作业区车道宽度研究

NCHRP(美国公路合作研究组织)发现,对于多车道城市市政道路和多车道公路而言,当车道宽度为 10 ft(约 3.05 m)至 12 ft(约 3.66 m)时,车道宽度变化在实质性、安全性方面的预期差异较小,这一点通过表 8-1 所示不同车道宽度下的相对基准安全折算系数可以看出来。

表 8-1 不同车道宽度下的相对基准安全折算系数

	车道宽度			
	9 ft	10 ft	11 ft	12 ft
双向四车道	1.13	1.08	1.02	1.00
双向分隔四车道	1.09	1.05	1.01	1.00

《美国统一交通控制手册》MUTCD 2009（*Manual on Uniform Traffic Control Devices*）规定了当短期使用低流量、低限速的道路时，车辆类型不包括较长和较宽的重型商用车，其最小车道宽度可降为 9 ft(2.74 m)；当某些地方出现对向分隔或者道路封闭时，最小车道宽度应取 10 ft(约 3.05 m)。

2003 年 7 月，日本修订了《道路构造令》，规定了"小型汽车专用的小型道路技术指标"。其中，各等级公路单车道宽 3.5～2.75 m，比我国现行标准少 0.25～0.5 m。

FHWA(Federal Highway Administration,美国联邦公路局)发现，当车道宽度从 12 ft(约 3.66 m)逐渐减少至 11 ft(约 3.35 m)、10 ft(约 3.05 m)、9 ft(约 2.74 m)的情况下，事故的影响因子会从 1.00 不断提高至 1.05、1.30、1.50，即发生事故的可能性会增大。图 8-1 所示展示了双车道公路车道宽度变化的事故修正因子。

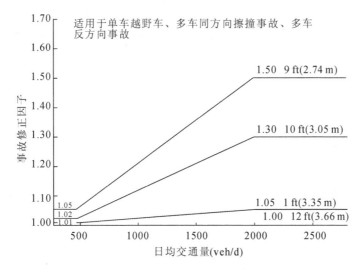

图 8-1　双车道公路车道宽度变化的事故修正因子

图 8-1 中横轴标注"日均交通量（veh/d）"，以 500 为增量，取 1000、1500、2000 和 2500。纵轴是"事故修正因子"，以 0.1 为增量标记，一直到 1.70。横轴顶部的说明指出，这一因素适用于单车越野车、多车同方向擦撞事故、多车反方向事故。

此外，《公路安全设计手册》HSM(*Highway safety manual*)给出了不同道路宽度的碰撞修正系数(CMF)，如图 8-2 所示。这些数据用于估计在执行给定的处理之后的预期崩溃数。

MUTCD 2009 规定了当短期使用低流量、低限速的道路时，车辆类型不包括较长和较宽的重型商用车，其最小车道宽度可降低为 9 ft(约 2.74 m)；当某些地方出现对向分隔或者道路封闭时，最小车道宽度应取 10 ft(约 3.05 m)。WSDOT(Washington State Department of Transportation,华盛顿州运输部)规定了车辆所需最小车道宽度应取 10 ft(约 3.05 m)。此外，ACPA(American College Personnel Association,美国学院人事协会)提出了车辆通行的最小车道宽度为 10 ft(约 3.05 m)。

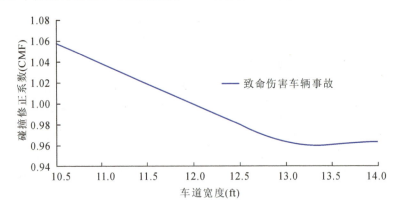

图 8-2 不同道路宽度的碰撞修正系数(1 ft≈0.305 m)

弗吉尼亚州规定,在高速多车道公路上,施工作业区通常更可取的做法是保持一条车道的宽度为大型车所用,而允许小汽车使用窄车道[11 ft(约 3.35 m),甚至 10.5 ft(约 3.20 m)],而不是统一减少所有车道的宽度。

针对大型车道路,美国联邦公路局在提高大型车施工作业区的安全研究中提出至少给出 11 ft(约 3.35 m)的车道宽度。

综上所述,从安全的角度出发,当车道宽度超过 11 ft(约 3.35 m)后,安全水平难以提高;当车道宽度超过 12 ft(3.66 m)后,甚至不利于安全。因此,当道路为多车道且对向分隔的情况下,车道宽度为 3.00~3.25 m,甚至为 3.5 m 时,其对安全的影响可以忽略不计。

此外,根据美国的 MUTCD 2009、WSDOT、ACPA 和弗吉尼亚州规定,对小型车而言,其车道宽度可降低至 10~10.5 ft(3.05~3.20 m),对大型车所规定的最小车道宽度不宜低于 11 ft(3.35 m)。

8.1.2 国内作业区车道宽度有关标准规范

①《公路工程技术标准》(JTG B01—2014)第 4.0.2 条要求车道宽度应符合表 8-2 的规定。

表 8-2 车道宽度

设计车速(km/h)	120	100	80	60	40	30
车道宽度(m)	3.75	3.75	3.75	3.50	3.50	3.25

《公路路线设计规范》(JTG D20—2017)关于车道宽度的规定与《公路工程技术标准》(JTG B01—2014)一致。

因此,从现行标准来看,无论是《公路工程技术标准》还是《公路路线设计规范》,设计车速采用 60 km/h 时车道宽度均为 3.5 m,但是采用 60 km/h 时 3.5 m 的车道宽度是针对车道实行客货混合行驶,且大型车混入率较高的情况下规定的行车道宽度,没有论证过限速 60 km/h 时小型车交通条件下的行车道宽度。

②《城市道路路线设计规范》(CJJ 193—2012)与《城市道路工程设计规范(2016 年版)》(CJJ 37—2012)中关于机动车道最小宽度的规定相同,如表 8-3 所示。

表 8-3　机动车道最小宽度

车型及车道类型	设计车速(km/h)	
	>60	≤60
大型车或混行车道(m)	3.75	3.50
小客车专用车道(m)	3.50	3.25

《城市道路路线设计规范》与《城市道路工程设计规范》中设计车速采用 60 km/h 时,大型车或混行车道最小宽度为 3.50 m,与《公路工程技术标准》和《公路路线设计规范》中规定的相同,但额外规定了设计车速为 60 km/h 时小客车专用车道最小宽度为 3.25 m。

③《高速公路改扩建交通组织设计规范》(JTG/T 3392—2022)

《高速公路改扩建交通组织设计规范》对采用双向四车道保通方案的车道宽度作了相关规定,要求保通车道宽度不小于 3.5 m,当条件受限且仅限小客车通行时,经论证后可为 3.25 m。保通车道宽度为 3.25 m 时,区段长度不宜大于 8 km。双向六车道保通方案的车道宽度要求可以参照执行。

8.1.3　小结

依据国内外高速公路相关规范和研究成果,当保通设计速度为 80 km/h 时,建议保通车道宽度不低于 3.5 m。

8.2　侧向余宽研究

侧向余宽,也称为侧向净宽,根据《公路工程技术标准》(JTG B01—2014),侧向余宽是公路通行车辆在高速行车时,行车道两侧需要预留的一定的富余宽度,即车道边线到障碍物之间距离,具体包含了路缘带宽度和余宽值。

8.2.1　国外侧向余宽研究

国外关于侧向余宽的研究以日本和苏联居多。日本道路协会为研究交通组成及车速对横断面各组成部分的影响,在高速公路进行了大量的追逐试验,研究了外侧宽度、超车与被超车的间隔以及内侧宽度与车速的关系。通过对观测数据的数理统计,得到上述因素与车速的关系。

苏联与日本的研究思路类似,根据本国道路状况和交通组成给出了自己的横断面影响模型,主要包括 M. C. 萨马哈耶夫经验公式和 A. A. 波良科夫经验公式。

日本研究公式中内侧宽度与苏联研究中的余宽值都是汽车后轮边缘到路缘石边缘的距离,即以路缘石为参照物来研究车速与侧向余宽的关系。

美国 AASHTO(2018)提到高速公路左侧路侧余宽时,主要强调了中央分隔带宽度,对于硬路肩 1.2 m 以上的四车道公路建议中央分隔带设置为 3 m,对硬路肩 3 m 及以上的六车道公路建议中央分隔带取 6.6 m。

综上所述,国外对侧向余宽的研究主要集中在横断面形式上:美国为保证侧向余宽,对中央分隔带宽度给出的指标建议较高;日本和苏联研究了车速与侧向余宽的关系,都是以路缘石为参考。

8.2.2　国内标准规范

(1)《公路工程技术标准》(JTG B01—2014)

根据《公路工程技术标准》(JTG B01—2014),侧向余宽是公路通行车辆在高速行驶时行车道两侧需要预留的一定的富余宽度,即车道边线到障碍物之间的距离。《公路工程技术标准》(JTG B01—2014)规定路缘带宽度和路肩宽度分别如表 8-4、表 8-5 所示。

表 8-4　左侧路缘带宽度

设计速度(km/h)	120	100	80	60
路缘带宽度(m)	0.75	0.75	0.5	0.5

路肩宽度应符合表 8-5 规定。

表 8-5　路肩宽度

公路等级		高速公路			一级公路(干线)	
设计速度(km/h)		120	100	80	100	80
右侧硬路肩宽度(m)	一般值	3.00 (2.50)	3.00 (2.50)	3.00 (2.50)	3.00 (2.50)	3.00 (2.50)
	最小值	1.50	1.50	1.50	1.50	1.50
土路肩宽度(m)	一般值	0.75	0.75	0.75	0.75	0.75
	最小值	0.75	0.75	0.75	0.75	0.75

公路等级（功能）		一级公路（集散功能）和二级公路			三级公路、四级公路	
设计速度（km/h）		80	60	40	30	20
右侧硬路肩宽度（m）	一般值	1.50	0.75	—	—	—
	最小值	0.75	0.25			
土路肩宽度（m）	一般值	0.75	0.75	0.75	0.50	0.25（双车道）
	最小值	0.50	0.50			0.50（单车道）

注：1.正常情况下，应采用"一般值"；在设爬坡车道、变速车道及超车道路段，受地形、地物等条件限制路段及多车道公路特大桥，可论证采用"最小值"。

　　2.高速公路和作为干线的一级公路以通行小客车为主时，右侧硬路肩宽度可采用括号内数值。

　　从表 8-5 可以看出，设计车速为 80 km/h 时，行车方向左侧的最小侧向余宽为 0.50 m，行车方向右侧硬路肩的最小宽度为 1.50 m。土路肩宽度采用一般值，其值为0.75 m。

　　《公路工程技术标准》（JTG B01—2014）中的车道宽度只适用于正常运营的高速公路，对于改扩建期间临时适用的车道宽度则没有规定。

　　（2）《城市道路工程设计规范》（CJJ 37—2012）

　　《城市道路工程设计规范》规定道路界限为道路上净高线和道路两侧侧向净宽边线组成的空间界限。因城市道路用地受限，一般右侧也不设宽路肩，因此两侧都需要考虑设置安全带宽度。如图 8-3 所示，城市道路侧向净宽 W_l 为安全带宽度 W_{sc} 值与路缘带宽度之和，具体数值要求见表 8-6。

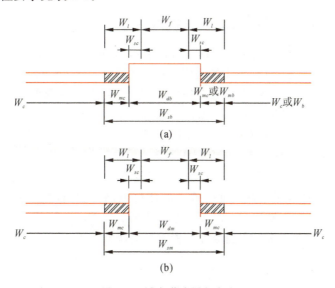

图 8-3　城市道路侧向净宽

（a）分车带（中间带）；（b）分车带（两侧带）

表 8-6　城市道路分车带侧向净宽

类别		中间带		两侧带	
设计速度(km/h)		≥60	<60	≥60	<60
路缘带宽度 (m)	机动车道	0.5	0.25	0.5	0.25
	非机动车道	—	—	0.5	0.25
安全带宽度 W_{sc}(m)	机动车道	0.5	0.25	0.25	0.25
	非机动车道	—	—	0.25	0.25
侧向净宽 W_l(m)	机动车道	1.0	0.5	0.75	0.5
	非机动车道	—	—	0.5	0.5

(3)《高速公路改扩建交通组织设计规范》(JTG/T 3392—2022)

《高速公路改扩建交通组织设计规范》对采用双向四车道保通方案的侧向余宽要求:侧向余宽不小于 0.75 m,条件受限时,经论证后可为 0.5 m。双向六车道保通方案的侧向余宽要求可以参照执行。

8.2.3　小结

本节通过对国内外相关规范和研究的调研和总结,得出以下结论:保通期间侧向余宽不得低于 0.50 m,且路段临时通车的侧向余宽及净高范围不允许有任何障碍物。

8.3　六车道保通断面布置方案研究

广韶高速主线采用双向六车道高速公路标准,设计速度 100 km/h,整体式路基宽度为 33.5 m,如图 8-4 所示,其横断面的组成为行车道宽 2×(3×3.75) m、右侧硬路肩宽 2×3.0 m(含右侧路缘带宽 2×0.5 m)、中间带宽 3.5 m(中央分隔带 2.0 m、左侧路缘带宽为 2×0.75 m)、土路肩宽 2×0.75 m。

针对推荐的 52.5 m 断面宽度,开展不同车道宽度、不同侧向余宽条件的六车道保通断面布置方案研究。

广韶高速现状为双向六车道高速公路,施工期间双幅保通时,可直接利用现状老路六车道保通,交通转换至半幅双向通行或仅利用拼宽路面通行时,需对断面布置方案开展研究。本节重点针对半幅双向六车道保通开展断面布置方案研究,其他类似情况的断面布置可参照单幅双向六车道保通断面布置方案的研究结论。

8.3.1　单幅双向六车道保通断面组成

单幅双向六车道保通标准横断面如图 8-5 所示。

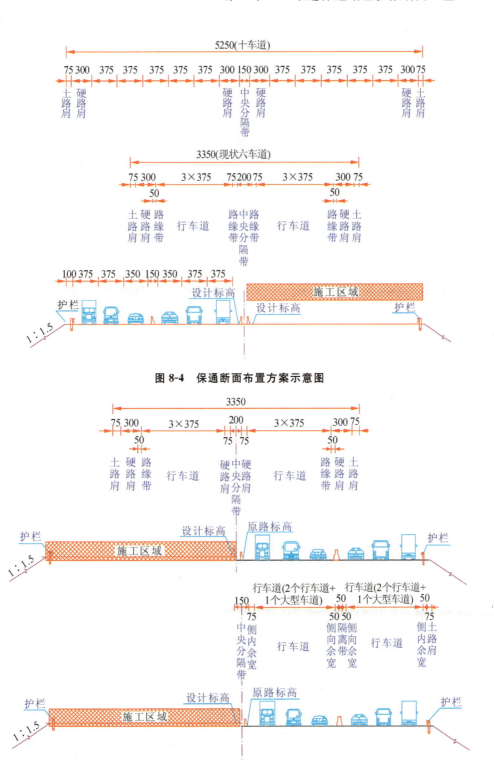

图 8-4　保通断面布置方案示意图

图 8-5　单幅双向六车道保通横断面单幅宽度组成

8.3.2 广韶高速保通断面布置需求分析

根据表 8-1 和表 8-2 的研究分析,可知高速公路道路横断面组成部分及相应的建议数值,如表 8-7 所示。

表 8-7 高速公路道路断面组成部分及相应建议数值

道路组成	建议数值	备注
行车道宽度	一般宽度为 3.75 m;内侧车道在适当条件下可为 3.5 m	行车道宽度主要满足车辆行驶基本需求以及保证驾驶员行车时的稳定性和安全性,具体宽度需依据项目交通特性来定
土路肩	宽度一般值为 0.75 m	路肩具有保护车行道结构稳定和提供侧向余宽的作用;由于半幅保通的断面特性,左侧无须考虑硬路肩,而是考虑中央分隔带侧向余宽
侧向余宽	宽度一般值为 0.5 m;宽度随设计速度变化而变化,范围为 0.5～0.75 m	路缘带以及余宽值构成侧向余宽,减轻护栏对驾驶员的压力,提高行车安全性

项目路佛冈至广州太和段交通量从绝对数来看,呈现出以客车为主的特点。由第 5 章的交通构成分析可知,广韶高速货车占比较高,建议改扩建保通期间每个行车方向至少保留一个 3.75 m 宽的大型车车道。

8.3.3 六车道保通横断面方案比选

8.3.3.1 施工期六车道通行断面布设比选方案

根据 8.3.2 节介绍的断面参数的取值范围,结合广韶高速六车道通行断面组成,广韶高速施工期六车道通行断面布设比选方案如表 8-8 所示。

表 8-8 施工期六车道通行断面布设比选方案(单位:m)

横断面方案	1/2中央分隔带	右侧侧向余宽	行车道3	行车道2	行车道1	左侧侧向余宽	隔离设施设置宽度	左侧侧向余宽	行车道1	行车道2	行车道3	右侧侧向余宽	土路肩	半幅净宽	总宽
方案1	0.75	0.75	3.5	3.75	3.5	0.5	0.75	0.5	3.5	3.75	3.5	0.75	0.75	26.25	52.5
方案2	0.75	1.00	3.75	3.5	3.5	0.5	0.5	0.5	3.5	3.5	3.75	0.75	0.75	26.25	52.5

续表 8-8

横断面方案	1/2中央分隔带	右侧侧向余宽	行车道3	行车道2	行车道1	左侧侧向余宽	隔离设施设置宽度	左侧侧向余宽	行车道1	行车道2	行车道3	右侧侧向余宽	土路肩	半幅净宽	总宽
方案3	0.75	0.75	3.75	3.5	3.5	0.5	0.75	0.5	3.5	3.5	3.75	0.75	0.75	26.25	52.5
方案4	0.75	1.00	3.75	3.75	3.5	0.5	0.5	0.5	3.5	3.5	3.75	0.5	0.75	26.25	52.5
方案5	0.75	1.00	3.75	3.5	3.5	0.5	0.75	0.5	3.5	3.5	3.75	0.5	0.75	26.25	52.5
方案6	0.75	0.75	3.75	3.75	3.5	0.5	0.5	0.5	3.5	3.5	3.75	0.75	0.75	26.25	52.5
方案7	0.75	0.75	3.75	3.75	3.5	0.5	0.75	0.5	3.5	3.5	3.75	0.75	0.75	26.25	52.5
方案8	0.75	0.75	3.5	3.75	3.75	0.5	0.5	0.5	3.5	3.5	3.75	0.75	0.75	26.25	52.5
方案9	0.75	0.75	3.75	3.75	3.25	0.5	0.75	0.5	3.25	3.75	3.75	0.75	0.75	26.25	52.5
方案10	0.75	0.5	3.75	3.5	3.5	0.75	0.75	0.75	3.5	3.5	3.75	0.75	0.75	26.25	52.5
方案11	0.75	1.00	3.5	3.5	3.5	0.5	0.75	0.75	3.5	3.5	3.75	0.5	0.75	26.25	52.5
方案12	0.75	0.5	3.75	3.75	3.5	0.5	0.5	0.5	3.75	3.75	3.75	0.5	0.75	26.25	52.5

8.3.3.2 仿真场景构建

选取广韶高速典型路段的平纵线形、交通量、车型构成等数据,在 Vissim 平台建立模型、标定参数,运行结果如图 8-6 至图 8-8 所示。

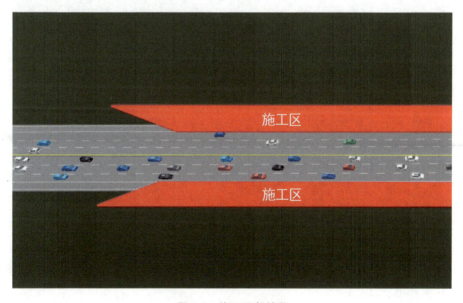

图 8-6 施工区起始段

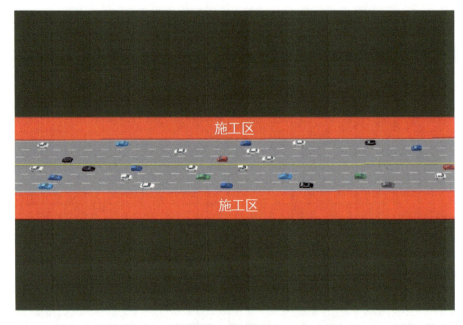

图 8-7　施工区中段

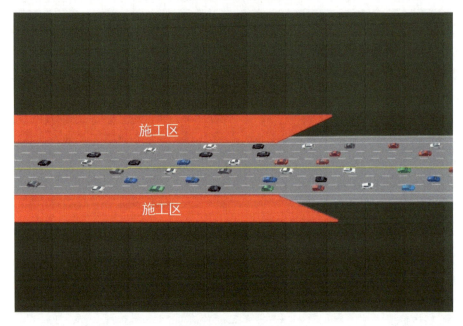

图 8-8　施工区终止段

在 Vissim 中对这些试验进行模拟,在 12 种断面布设方案下进行全面试验,同时为了避免误差,各方案的 Vissim 交通仿真采用不同的随机种子运行 8 次,并取 8 次分析的平均值作为最终结果。

8.3.4　交通冲突分析

8.3.4.1　交通冲突指标

交通事故与交通冲突存在着相似的形式,但二者又存在着区别,即是否发生了直接的损害性后果。交通冲突数代替事故数进行安全评价时应该考虑交通冲突数转化为事故数的可能。由于对交通安全直接评价有现实困难性,鉴于交通事故产生的主要原因来源于道路上不同车辆运行时产生的交通冲突,故采用交通冲突数作为安全评价指标进行分析。

由于各种半幅施工工区内仿真路网总长一样,但断面通过量不同,故这里采用 TC/MPCU(冲突数与混合交通当量的比值),其中冲突数直接根据 Vissim 仿真运行数据进行整理得出。

8.3.4.2　交通冲突

经过 Vissim 仿真,得到每个试验的轨迹文件,导入 SSAM 软件,分析得到每个试验的冲突率如表 8-9 所示。

表 8-9　断面布设比选方案交通冲突率

横断面方案	右侧侧向余宽 (m)	行车道 3 (m)	行车道 2 (m)	行车道 1 (m)	左侧侧向余宽 (m)	左侧侧向余宽 (m)	行车道 1 (m)	行车道 2 (m)	行车道 3 (m)	右侧侧向余宽 (m)	冲突率
方案 1	0.75	3.5	3.75	3.5	0.5	0.5	3.5	3.75	3.5	0.75	0.0380
方案 2	1.00	3.75	3.5	3.5	0.5	0.5	3.5	3.5	3.75	0.75	0.0388
方案 3	0.75	3.75	3.5	3.5	0.5	0.5	3.5	3.5	3.75	0.75	0.0387
方案 4	1.00	3.75	3.75	3.5	0.5	0.5	3.5	3.5	3.75	0.5	0.0392
方案 5	1.00	3.75	3.75	3.5	0.5	0.5	3.5	3.5	3.75	0.5	0.0405
方案 6	0.75	3.75	3.75	3.5	0.5	0.5	3.5	3.5	3.75	0.75	0.0387
方案 7	0.75	3.75	3.75	3.5	0.5	0.5	3.5	3.5	3.75	0.5	0.0403
方案 8	0.75	3.5	3.75	3.75	0.5	0.5	3.5	3.5	3.75	0.5	0.0397
方案 9	0.75	3.5	3.75	3.25	0.5	0.5	3.25	3.75	3.75	0.75	0.0403
方案 10	0.5	3.75	3.5	3.5	0.75	0.75	3.5	3.5	3.75	0.5	0.0403
方案 11	1.00	3.5	3.5	3.5	0.75	0.75	3.5	3.5	3.5	0.75	0.0394
方案 12	0.5	3.75	3.75	3.5	0.5	0.5	3.75	3.75	3.75	0.5	0.0376

8.3.5 通行效率分析

8.3.5.1 运行效率指标

交通运行效率的评价指标一般有通行能力、行程时间、车均延误和行人延误、停车次数、停车率等。

由于改扩建期间交通导流的影响,施工期间车辆无法在原道路条件下行驶,因此导致车道数、车道宽度减小,车辆运行至保通路段时必然导致车速降低,从而对路段交通流的运行效率造成显著影响,因此交通流运行效率指标可以有效地反映保通施工车流运行状况。

考虑到广韶高速施工行车组织的特殊性及方便性,此处采用路段的车均延误来度量不同横断面组合对车流运行效率的影响。

8.3.5.2 车均延误

延误是交通摩阻与交通管制引起的行驶时间损失。车均延误为平均每辆车通过所研究施工路段的时间损失,即实际行程时间与理论行程时间的差值。

不同施工工区下高速公路车流施工行车组织、绕向频率、限速取值等都有明显区别,必然导致不同间隔下所引起的延误时间存在差异,在车辆输入一致的前提下,车均延误可以有效地反映施工路段运行情况。

对不同车道宽度和侧向余宽组合,通过 Vissim 进行模拟仿真分析,得到结果如表 8-10 所示。

表 8-10　断面布设比选方案车均延误

横断面方案	右侧侧向余宽(m)	行车道3(m)	行车道2(m)	行车道1(m)	左侧侧向余宽(m)	左侧侧向余宽(m)	行车道1(m)	行车道2(m)	行车道3(m)	右侧侧向余宽(m)	车均延误
方案1	0.75	3.5	3.75	3.5	0.5	0.5	3.5	3.75	3.5	0.75	33.4875
方案2	1.00	3.75	3.5	3.5	0.5	0.5	3.5	3.5	3.75	0.75	33.5168
方案3	0.75	3.75	3.5	3.5	0.5	0.5	3.5	3.5	3.75	0.75	32.7868
方案4	1.00	3.75	3.75	3.5	0.5	0.5	3.5	3.5	3.75	0.5	33.2371
方案5	1.00	3.75	3.5	3.5	0.5	0.5	3.5	3.5	3.75	0.5	33.7356
方案6	0.75	3.75	3.5	3.5	0.5	0.5	3.5	3.5	3.75	0.75	33.0198
方案7	0.75	3.75	3.75	3.5	0.5	0.5	3.5	3.5	3.75	0.5	33.2392
方案8	0.75	3.75	3.75	3.75	0.5	0.5	3.5	3.5	3.75	0.5	33.6174

续表 8-10

横断面方案	右侧侧向余宽（m）	行车道3（m）	行车道2（m）	行车道1（m）	左侧侧向余宽（m）	左侧侧向余宽（m）	行车道1（m）	行车道2（m）	行车道3（m）	右侧侧向余宽（m）	车均延误
方案9	0.75	3.75	3.75	3.25	0.5	0.5	3.25	3.75	3.75	0.75	33.6135
方案10	0.5	3.75	3.5	3.5	0.75	0.75	3.5	3.5	3.75	0.5	33.8470
方案11	1.00	3.5	3.5	3.5	0.75	0.75	3.5	3.5	3.5	0.75	33.5578
方案12	0.5	3.75	3.75	3.5	0.5	0.5	3.75	3.75	3.75	0.5	33.4318

8.3.6　综合评价

为了更全面地对施工区保通路段进行评价，通过前面对施工保通路段的仿真，采用车均延误作为效率指标，采用冲突结果作为安全指标，考虑到交通量的影响，这里不能直接用冲突数作为评价指标，而要用交通冲突率（冲突数/通过车辆数）作为安全评价指标，进而采用熵权法得到每个试验的综合分数，对每个试验进行综合评价。

8.3.6.1　综合评价方法——熵权法

根据式(8-1)、式(8-2)形成原始矩阵：

$$\boldsymbol{R}=(r_{ij})_{m\times n} \tag{8-1}$$

这里取 $m=12, n=2$，有：

$$\boldsymbol{R}=\begin{bmatrix} r_{11} & r_{12} \\ \vdots & \vdots \\ r_{121} & r_{122} \end{bmatrix} \tag{8-2}$$

根据式(8-3)求每个指标下各个方案的贡献度 p_{ij}：

$$p_{ij}=\frac{r_{ij}}{\sum\limits_{i=1}^{m} r_{ij}} \tag{8-3}$$

根据式(8-4)计算每个指标的熵权值 E_j：

$$E_j=-k\sum_{i=1}^{m} p_{ij}\cdot\ln p_{ij} \tag{8-4}$$

其中，$k=1/\ln m, m=12$。

根据式(8-5)计算每个指标的熵权 w_j，确定指标综合分数：

$$w_j=\frac{(1-E_j)}{\sum\limits_{j=1}^{n}(1-E_j)} \tag{8-5}$$

8.3.6.2　综合评价结论

根据熵权法计算得出的综合分数如表 8-11 所示。从综合得分来看，在各保通断面总宽度一致的条件下,综合考虑交通运行效率及交通冲突的影响,在不同的侧向余宽、车道宽度组合下,试验方案3的综合分数最低,交通流运行效率更优。

表8-11　断面布设比选方案综合评价

横断面方案	右侧侧向余宽（m）	行车道3（m）	行车道2（m）	行车道1（m）	左侧侧向余宽（m）	左侧侧向余宽（m）	行车道1（m）	行车道2（m）	行车道3（m）	右侧侧向余宽（m）	车均延误
方案1	0.75	3.5	3.75	3.5	0.5	0.5	3.5	3.75	3.5	0.75	14.697
方案2	1.00	3.75	3.5	3.5	0.5	0.5	3.5	3.5	3.75	0.75	14.710
方案3	0.75	3.75	3.5	3.5	0.5	0.5	3.5	3.5	3.75	0.75	14.390
方案4	1.00	3.75	3.75	3.5	0.5	0.5	3.5	3.5	3.75	0.5	14.588
方案5	1.00	3.75	3.5	3.5	0.5	0.5	3.5	3.5	3.75	0.5	14.807
方案6	0.75	3.75	3.75	3.5	0.5	0.5	3.5	3.5	3.75	0.75	14.492
方案7	0.75	3.75	3.5	3.5	0.5	0.5	3.5	3.5	3.75	0.75	14.589
方案8	0.75	3.75	3.75	3.75	0.5	0.5	3.5	3.5	3.75	0.5	14.754
方案9	0.75	3.75	3.75	3.25	0.5	0.5	3.25	3.75	3.75	0.75	14.753
方案10	0.5	3.75	3.5	3.5	0.75	0.75	3.5	3.5	3.75	0.75	14.855
方案11	1.00	3.5	3.5	3.5	0.75	0.75	3.5	3.5	3.5	0.75	14.728
方案12	0.5	3.75	3.75	3.5	0.5	0.5	3.75	3.75	3.75	0.5	14.672

8.3.7　六车道保通横断面推荐方案

结合国内外研究及广韶高速项目情况,本章提出了符合广韶高速改扩建施工期六车道通行的断面布设比选方案。断面布设比选方案的交通仿真结果表明,12种断面布设比选方案总体上交通冲突率较低,车均延误较小。从综合得分来看,综合考虑交通运行效率及交通冲突的影响,方案3的综合分数最低,交通流运行效率更优,施工期六车道通行断面参数推荐采用方案3,其布置形式如图8-9所示。

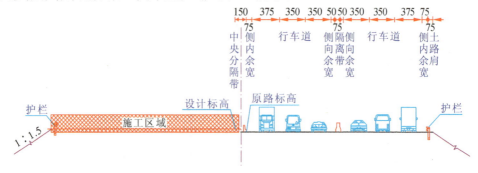

图8-9　施工期六车道通行推荐断面参数

8.4　六车道保通分车道行驶方案

广韶高速现状内侧为小客车专用道,外侧两个车道为行车道/客货车道,并通过标志提示大型车靠右。

广韶高速推荐的断面布置方案,每个行车方向外侧都有一个 3.75 m 的大型车车道,根据交通量分析结果,广韶高速一型客车和六型货车占比较大,结合广韶高速现状分车道行驶方案,建议施工期分车道行驶方案为内侧车道为小客车专用道、中间车道为客货车道、外侧车道为大货车道。

8.5　本章小结

本章针对"六改十"高速公路改扩建工程施工期六车道保通断面参数开展研究,首先对国内外的相关资料进行调研分析,总结分析车道宽度、侧向余宽、路肩宽度、隔离设施设置宽度等断面参数的取值要求,接下来分析广韶高速施工期六车道保通的断面组成,筛选出适合广韶高速特点的断面组合,通过 Vissim 建立广韶高速施工期道路模型,加载实际交通量和车型比例,对不同的断面组合方案进行模拟仿真,开展控制性试验,提出推荐的广韶高速施工期六车道保通断面参数。最后结合推荐的断面布置方案和交通量预测结果,提出六车道保通分车道行驶方案。

第 9 章

六车道保通模式研究

本章结合高速公路改扩建的特点,提出了双侧保通 3＋2＋1 模式、单侧保通 3＋3 模式和双侧保通 3＋3 模式三种六车道保通模式,并分析了各种保通模式与总体方案的适应性。

9.1　双侧保通 3＋2＋1 模式

步骤一(图 9-1):两侧路基拼宽,保持双向六车道正常通行并切除硬路肩(部分路段不切除硬路肩),硬路肩至少保留 1 m 宽度,用作设置临时护栏及保证侧向余宽。两侧路面拼宽部分施工至上面层,左幅同时需要完成护栏及路侧标志等设施。

图 9-1　双侧保通 3＋2＋1 模式(一般路段)断面施工步骤一

步骤二(图 9-2):转移交通量至该右半幅新拼宽范围两个车道和左半幅靠中央分隔带的一个车道,实行一个方向三车道通行,右半幅其余范围有足够空间进行另一个方向三个车道布设;同时进行左半幅老路半幅病害处理及罩面施工。

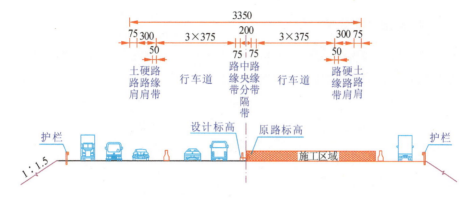

图 9-2　双侧保通 3+2+1 模式(一般路段)断面施工步骤二

步骤三(图 9-3):转移交通量至左半幅新拼宽范围两个车道和右半幅靠中央分隔带的 1 个车道,实行一个方向三车道通行,右半幅其余范围有足够空间进行另一个方向三个车道布设;此时进行左半幅老路半幅病害处理及罩面施工。

图 9-3　双侧保通 3+2+1 模式(一般路段)断面施工步骤三

步骤四(图 9-4):完成剩余附属设施施工,全断面开放交通,双向十车道通行。

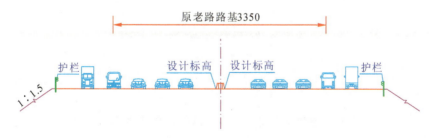

图 9-4　双侧保通 3+2+1 模式(一般路段)断面施工步骤四

9.2 单侧保通 3＋3 模式

步骤一（图 9-5）：两侧路基拼宽，保持双向六车道正常通行并切除硬路肩（部分路段不切除硬路肩），两侧路面拼宽部分施工至上面层。

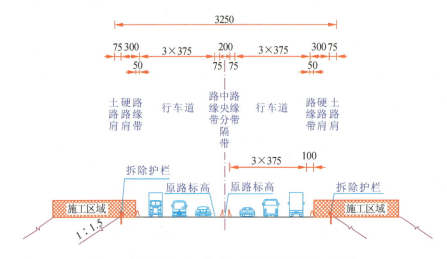

图 9-5 单侧保通 3＋3 模式（一般路段）断面施工步骤一

步骤二（图 9-6）：转移交通至右半幅，利用两侧路面新拼宽部分实行对向六车道通行；另外半幅进行整体施工——老路面病害处置＋整体罩面，同时完成永久护栏、标志设置。

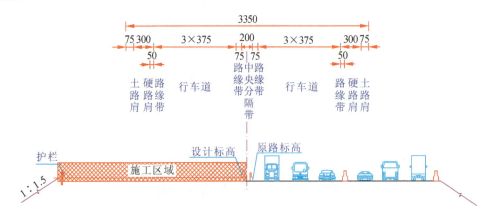

图 9-6 单侧保通 3＋3 模式（一般路段）断面施工步骤二

步骤三（图 9-7）：转移交通至已新建＋改造完毕的左半幅，实行对向六车道通行；另外半幅进行整体施工——老路面病害处置＋整体罩面，同时完成该半幅附属设施。

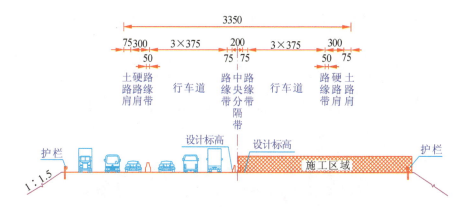

图 9-7　单侧保通 3＋3 模式（一般路段）断面施工步骤三

步骤四（图 9-8）：完成剩余附属设施施工，全断面开放交通，双向十车道通行。

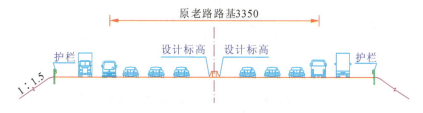

图 9-8　单侧保通 3＋3 模式（一般路段）断面施工步骤四

9.3　双侧保通 3＋3 模式

步骤一（图 9-9）：原有土路肩波形梁护栏维持现状，从土路肩边缘开始进行清表、削坡、挖台阶及正常填筑。全线维持双向六车道通行，车辆在原有路面上正常双向行驶。对于未设置护栏的路段，需要设置临时隔离防护设施。

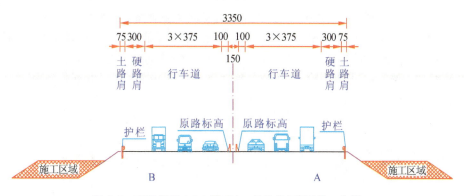

图 9-9　双侧保通 3＋3 模式（一般路段）断面施工步骤一

步骤二（图 9-10）：路侧路基拼宽，切除硬路肩（部分路段不切除硬路肩），两侧路面拼宽部分施工至上面层（与老路齐平）；敷设通信设施、完善道路排水防护设施，同时完成部分永久护栏及路侧标志等设施。全线维持双向六车道通行,车辆在原有路面上限速双向行驶。

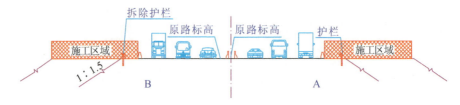

图 9-10 双侧保通 3+3 模式(一般路段)断面施工步骤二

步骤三(图 9-11):将交通转移至道路加宽部位通车。施工期间维持双向六车道通行,在相应的位置设置小车专用道和大型车辆靠右的交通标志。对老路旧路面进行加固处置等施工,并设置相应的临时交通标志、标线。

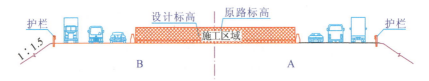

图 9-11 双侧保通 3+3 模式(一般路段)断面施工步骤三

步骤四(图 9-12):封闭道路 B 单幅,将交通转移至道路加宽的 A 单幅通车。施工期间 A 单幅维持双向六车道通行,在相应的位置设置小车专用道和大型车辆靠右的交通标志。对 B 单幅路面施工,加铺罩面等,并设置相应的临时交通标志、标线。

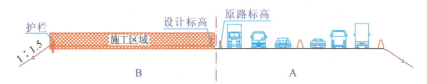

图 9-12 双侧保通 3+3 模式(一般路段)断面施工步骤四

步骤五(图 9-13):在 B 单幅道路施工完毕,相应的交通标志、标线、护栏等均施工结束后,将原 A 单幅路面上双向行驶的交通量转移到新建的 B 单幅道路上。封闭道路 A 单幅,进行罩面施工等。施工期间,B 单幅维持双向六车道通行,在相应的位置设置小车专用道和大型车辆靠右的交通标志。

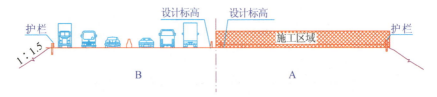

图 9-13 双侧保通 3+3 模式(一般路段)断面施工步骤五

步骤六(图 9-14):道路路基路面改建工程完毕,相应的交通设施均配备齐全后,车辆在双向十车道上行驶。

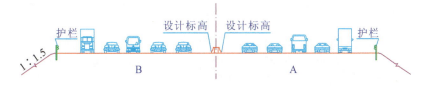

图 9-14　双侧保通 3＋3 模式(一般路段)断面施工步骤六

9.4　保通模式适应性

对三种保通模式进行分析总结,三种方案各自的优缺点如表 9-1 所示。

表 9-1　保通模式对比

	双侧保通 3＋2＋1 模式	单侧保通 3＋3 模式	双侧保通 3＋3 模式
优点	充分利用旧路,保通最小断面宽度相对较窄;设置紧急停车带时有一定的优势	通车与施工可以有效分隔,有利于保通期间整体施工安全和交通安全;并可以兼顾旧桥拆除、桥梁顶升以及门架标志、门架机电设施等施工,施工便利性及安全性更好;保通最小断面宽度要求较小;施工与社会车辆运营交叉较少	通车与施工可以有效分隔,有利于保通期间整体施工安全和交通安全;并可以兼顾旧路面维修加固、旧桥拆除、桥梁顶升以及门架标志、门架机电设施等施工,施工便利性及安全性更好;保通最小断面宽度要求较小;施工与社会车辆运营交叉较少
缺点	施工与社会车辆运营交叉严重,不利于施工和保通期间交通安全;沿线互通密集,出入互通时,交通组织复杂且存在安全隐患	老桥拆除路段施工工序复杂;调坡路段需加强临时防护	交通转换次数比较多;老桥拆除路段需要超拼
交通转换次数	3 次	3 次	4 次

根据广韶项目总体方案,广韶高速单侧保通 3＋3 模式适用于双侧拼宽一般路段(图 9-15)、双侧拼宽抬高路段(图 9-16)、双侧拼宽下挖路段(图 9-17)、双侧拼宽老桥利用

（图 9-18）、双侧拼宽老桥拆除重建等情况。双侧保通 3＋3 模式适用于单侧拼宽一般路段、单侧拼宽下挖路段、老桥单侧拼宽（图 9-19）等情况。

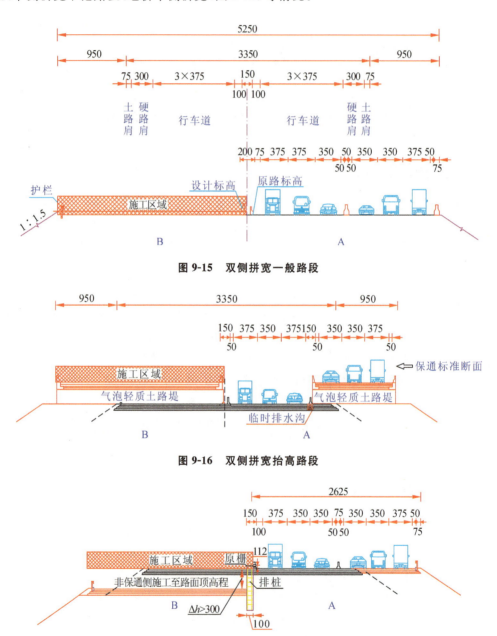

图 9-15　双侧拼宽一般路段

图 9-16　双侧拼宽抬高路段

图 9-17　双侧拼宽下挖路段

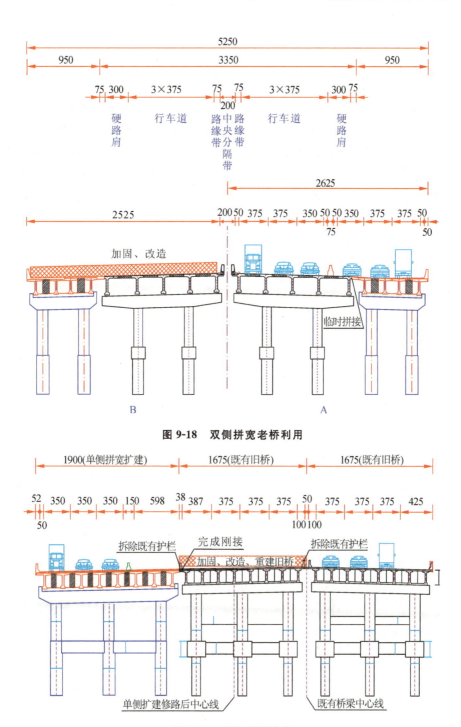

图 9-18 双侧拼宽老桥利用

图 9-19 老桥单侧拼宽

9.5 本章小结

　　本章介绍了双侧保通 3＋2＋1 模式、单侧保通 3＋3 模式和双侧保通 3＋3 模式三种六车道保通模式,并分析各种保通模式与总体方案的适应性,提出单侧保通 3＋3 模式适用于双侧拼宽一般路段、双侧拼宽抬高路段、双侧拼宽下挖路段、双侧拼宽老桥利用、双侧拼宽老桥拆除重建等情况,双侧保通 3＋3 模式适用于单侧拼宽一般路段、单侧拼宽下挖路段、老桥单侧拼宽等情况的研究结论。

第 10 章

保通路段设计速度研究

10.1 国内外保通车速标准规范调研

（1）国外保通车速规定

美国现有施工作业区的设计车速规定按照限制速度进行设定，其中 NCHRP（National Cooperative Highway Research Program，美国国家公路合作研究计划）提出了完整的施工作业区限制速度的确定流程，如图 10-1 所示。

美国通常将工作区的限制速度降低到比工厂正常张贴的速度低 10 mile/h，甚至考虑将限制速度降低到比公布的速度低 20 mile/h。然而，超过 10 mile/h 的限速降幅通常需要该机构管理层的特别审查，他们倾向于完全避免工作区限速。然而，如果由于物理限制而必须降低限制速度，他们的标准降低到比正常张贴的速度低 10 mile/h，会根据具体情况考虑降低限制速度。这些削减是根据现场条件和正在进行的工作活动的性质而定的。

华盛顿交通部是唯一被要求在施工地区的当地报纸上发布减速通知的机构。虽然 11 个州的机构目前没有工作区限速政策，但有 4 个州在确定其工作区限速时遵循了某些程序。南卡罗来纳州交通部在州际公路和所有其他道路上的工作活动期间，分别将其限制速度降低到 45 mile/h 和 35 mile/h。犹他州交通部通过了降低工作区限速的决定，限速通常比公告的限速低 10~20 mile/h。此外，宾夕法尼亚州交通部正在考虑逐个项目降低工作区的限制速度。这些减速传统上比公告限速低 15 mile/h。

爱荷华州交通部是 11 个没有书面保单的机构之一。然而根据其不成文的政策，波尔克县的州际项目以及发生双车道、双向运营的地点都使用 55 mile/h 的监管限速标志。

爱荷华州周围的其他州机构,除了堪萨斯州收费公路管理局,都表示有在工作区降低限制速度的政策,这些机构通常将工作区域的限制速度降低 10 mile/h。在内布拉斯加州,工作区的限制速度可能会降低到 35 mile/h,城市地区降为 25 mile/h。伊利诺伊州、密苏里州和威斯康星州考虑将限制速度降低到低于公布的速度 20 mile/h。如果没有车道关闭和路面工程,伊利诺伊州的高速公路(65 mile/h)和非高速公路(55 mile/h)不会减速。降低伊利诺伊州工作区限速的要求必须始终得到地区运营工程师的批准。

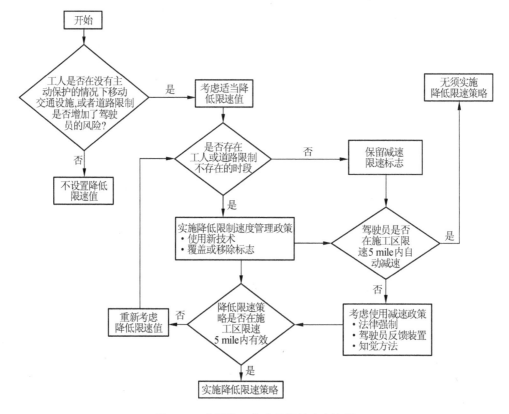

图 10-1 美国施工作业区限制速度流程

此外,除非道路几何形状或路面条件允许,威斯康星州限制速度为 55 mile/h,即便在更低的道路上通常不会有限制速度降低。在中西部交通机构中,伊利诺伊州和内布拉斯加州有法规规定,在其工作区域内超速违规者将被处以双倍罚款。

在此流程制度之下,美国国家机构对各州施工作业区限制速度政策进行统计分析,发现美国各州按所规定的施工作业区限制速度一般较正常情况降低 10 mile/h(约 16.1 km/h)至 20 mile/h(约 32.2 km/h)。考虑到美国的施工作业区多为一般养护作业区,涉及高速公路改扩建的较少。此外,依据 NCHRP(美国国家公路合作研究计划)公布的完整施工作业区限制速度流程,并结合我国高速公路改扩建的施工现状,宜采取降低 20 mile/h(约 32.2 km/h)的限制速度。考虑到我国的高速公路设计车速一般为 120 km/h,

从交通安全角度出发,施工区一般路段的设计车速宜采取 80 km/h。

(2)国内保通车速规定

①国家标准

根据国家标准《道路交通标志和标线　第 4 部分:作业区》(GB 5768.4—2017),作业区的限速不得大于表 10-1 的规定。

表 10-1　作业区限速值

设计速度(km/h)	限速值(km/h)
120	80
100	70
80	60
60	40
50、40、30	30
20	20

项目路按全封闭高速公路标准设计建设,设计速度为 120 km/h,对应的作业区最高限速值为 80 km/h。

②高速公路改扩建行业标准

根据行业推荐性标准《高速公路改扩建交通组织设计规范》(JTG/T 3392—2022)第 4.6 节,保通路段设计速度中第 4.6.2 条明确了在高速公路改扩建期间,保通路段设计速度可采用 80 km/h、60 km/h。

③其他相关的行业标准

根据行业推荐性标准《公路养护安全作业规程》(JTG H30—2015),作业区的最终限速值不得大于表 10-2 的规定,如预留车道宽度不符合要求时,应降低最终限速值。

表 10-2　公路养护作业限速值

设计速度(km/h)	限速值(km/h)	预留行车道宽度(m)
120	80	3.75
100	60	3.50
80	40	3.50
60	30	3.25
40	30	3.25
30	20	3.0
20	20	3.0

行车道宽度为 3.75 m、3.50 m 时,可采用 80 km/h 的限速值。

《公路限速标志设计规范》(JTG/T 3381-02—2020)中也有规定："道路施工作业区应根据公路技术等级、作业区位置和类型、施工车辆及人员出入情况、停车视距等因素确定特定限速值"，其中规定设计速度为 120 km/h 的公路特定限速值不应大于 80 km/h。

10.2 国内项目保通车速

10.2.1 深汕西改扩建

沈阳至海口国家高速公路汕尾陆丰至深圳龙岗段（以下简称"深汕西改扩建"）是沈阳至海口国家高速公路（G15）的重要组成部分。扩建施工路段起于吉隆平政村附近，终于深圳市龙岗区，全长 74.867 km，将沈海高速拼宽至八车道。

（1）速度观测

深汕西改扩建项目分别对沈海高速龙岗至海丰鹅埠段改扩建施工双侧拼宽道路、单侧加宽道路各施工阶段的保通速度进行统计分析。结果表明，在保通期间大部分时段的车速限制为 80 km/h，且保通期间车道两侧均有护栏进行防护。

（2）服务水平试算

对项目施工期服务水平以 80 km/h 的标准进行测算。由服务水平测算可知，在"利用下面层行车双向四车道保通"条件下，通行能力受影响程度小，全线基本能够达到三级及以上服务水平，仅部分路段不能达到三级及以上的服务水平。因此，施工期间基本能维持交通现状，最大限度地自行承担改扩建施工带来的交通压力，仅坑梓至金钱坳路段流量过大、服务水平较低，需要全时段进行分流，淡水至坑梓互通段仅在施工后期的服务水平低于三级。

（3）保通车道及车速

结合改扩建建设实施方案可知：路基施工阶段可利用原有路面保证双向四车道通行，路面施工过程中需要挖除土路肩和硬路肩，同时占用行车道外侧部分空间来设置临时隔离设施，以保证行车安全，可选择双向四车道保通方案。在关键节点（上跨桥、主线桥）部分时段实行短时双向两车道保通方案，如天桥拆除阶段。

双侧拼宽道路施工期间，第一阶段维持老路原限速方案，第二、三阶段一般路段采用限速 80 km/h 方案，各个阶段保通车道宽度均为 3.75 m。

单侧加宽道路施工期间，第一阶段维持老路原限速方案，第二阶段一般路段采用限速 80 km/h 方案，各个阶段保通车道宽度均为 3.75 m。

（4）特殊工点设计车速

交通转换路段采用降低车速措施以保障行车安全，限速值为 60 km/h。施工工区较近(小于 2 km)的情况应统一限速,不得频繁调整限速值。一般情况下限速发生改变的行驶距离不低于 2 km。

一般转换临时中央分隔带开口应结合平纵面及前后构造物情况,尽量选取较好线形,保通设计速度 60 km/h。

由于前后两个工区施工进度不一,可能导致第三阶段需要设置临时中央分隔带开口,此类情况开口长度根据线形调整,保通设计速度 60 km/h。

10.2.2　开阳高速公路改扩建

沈阳至海口国家高速公路开平至阳江段(以下简称"开阳改扩建")是国高网 G15 沈(阳)至海(口)高速公路的一段,同时也是广东省"十纵五横两环"高速公路主骨架中第五条横线的一段,全长 125.2 km。开阳高速公路由双向四车道 120 km/h 高速公路扩建为双向八车道 120 km/h 高速公路。

(1)观测统计

该项目在跨线桥中墩施工单向两车道通行区域、互通立交分流区单向两车道通行区域采用摄像机、无人机进行录像,获取自然车流大样本数据。采用区域雷达设备获取瞬时车速、运行轨迹等数据。

(2)一般路段车速分析

依据实测,半幅双向通行时一般路段运行速度约为 84.9 km/h,其车速分布如图 10-2 所示。

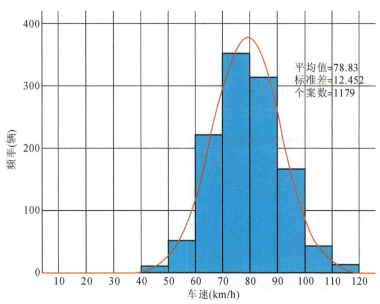

图 10-2　开阳改扩建半幅双向行驶时一般路段运行速度

（3）中央分隔带开口车速分析（图 10-3）

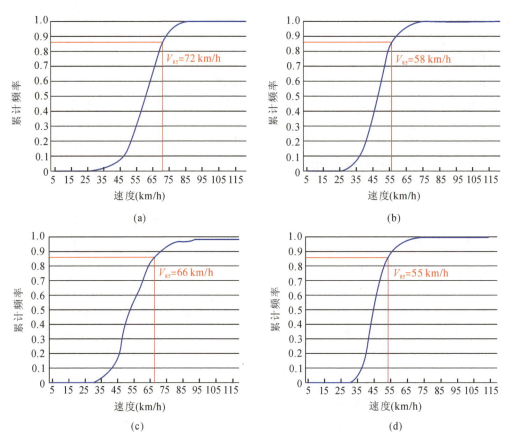

图 10-3　中央分隔带开口运行速度分布

（a）昼间小型车；（b）昼间大型车；（c）夜间小型车；（d）夜间大型车

依据实测，昼间小型车、大型车运行车速约为 72 km/h、58 km/h；夜间小型车、大型车运行车速约为 66 km/h、55 km/h；中央分隔带开口的运行速度处于 55～65 km/h之间。

（4）确定保通车速

总体上看，开阳高速改扩建施工期间运行速度未出现显著下降，其实际运行速度与保通路段的设计速度较为匹配，采用 80 km/h 的总体保通车速可保证保通车辆的通行需求。中央分隔带开口采用 60 km/h 的限制车速以保证日夜行车安全。

10.2.3　京哈高速公路改扩建

北京至哈尔滨高速公路（编号 G1，以下简称"京哈高速公路"）是《国家公路网规划（2013—2030）》中七条放射线之一，是东北地区公路交通运输的大动脉。该项目起自葫芦岛市绥中县九门口隧道(冀辽界),接规划建设的 G0121 京秦高速公路秦皇岛至九门口(冀辽界)段,新建复线至前所枢纽互通式立交,利用既有 G1 京哈高速公路改扩建为整体十车道。

原有高速公路为路基宽度 34.5 m 的双向六车道,设计速度 120 km/h,整体双侧拼宽,扩建后为 55 m,局部路段分离新建。

主线交通以货车为主,自然量客货比为 49:51,按当量折算后为 21:79,为施工期间的交通服务水平维护、安全防护和运营管理等带来难度。

(1)规范调研

设计速度需考虑高速公路改扩建施工道路环境、运行速度、道路条件等因素,确定的限制速度应合理,符合道路功能。美国国家机构对各州施工作业区限制速度政策进行统计分析,发现美国各州所规定的施工作业区限制速度一般较正常情况降低 10 mile/h(约 16.1 km/h)至 20 mile/h(约 32.2 km/h)。《道路交通标志和标线 第 4 部分:作业区》(GB 5768.4—2017)中规定设计速度为 120 km/h 的作业区限速值为 80 km/h。

《辽宁省高速公路临时占道施工封闭标准》(2019)中规定,根据养护路段设计速度和不同封闭方式,养护作业区最终限速值应满足规定的要求。特别说明:设计速度为 120 km/h 的高速公路,交通量较小,经论证后,最终限速值可设置为 80 km/h。

(2)事故分析论证

京哈改扩建项目大货车比例高、事故多,安全宜作为保通的首要考虑因素,因此可以结合老路交通事故进行保通车速研究。

对交通事故空间分布进行分析,以 5 km 为一个路段单元,统计绥沈高速(绥中—盘锦)双向 2014—2020 年事故数据。事故集中在葫芦岛市境内的 K305—K320 路段范围内,7 年累计发生 85 起交通事故,其中交通事故数最高的路段是葫芦岛市的 K305—K310 路段,累计事故数为 33 起;其次是锦州市境内的 K470—K475 路段和 K475—K480 路段范围内,累计事故数均超过 20 起。上述路段累计事故数占全线累计事故总数的 19%。

大型货车尤其是重载货车占比均较高,根据预测从 2019 年至 2046 年,项目将呈现客车比例升高、货车比例下降的趋势,但客货比仍保持在 1 左右,且大小型车之间速度差较大、车型间运行速度差异大,易造成车辆间的冲突,经分析发现,大多数交通事故的发生均与货车相关,结合事故发生的主要方向为北京方向,以及事故多发时段为货车集中出行的凌晨时段,表明重载货车是交通事故发生的重要致险因素。

多个国家经验表明,平均速度增加 1 km/h,交通事故危险性就会增加 3%,死亡性交通事故就会增加 4%~5%;反之亦然。澳大利亚的研究表明,当车速大于 60 km/h 时,车速每增大 5 km/h,交通事故危险性为原来两倍。

(3)确定车速

对京哈高速双向 2014—2020 年交通事故空间、时间分布进行分析,并进行限制速度

80 km/h、60 km/h 下饱和度和服务水平计算,其实际通行能力采用理论值和仿真值加权后得出的综合值。首先依据规范,结合项目交通组成和交通事故特性初步拟定保通车速,然后结合项目分流方案和服务水平综合考虑交通安全和效率。对于一般的施工路段,限速原则分时段如下:

第一时段,限速 80 km/h;

第二时段,限速 80 km/h;

第三时段,全断面限速 60 km/h;

第四时段,全断面限速 60 km/h。

交通转移至单幅后保通设计车速宜采取 60 km/h。对于互通出入口、中央分隔带开口等特殊工点路段,限速不宜高于 60 km/h。

10.2.4　小结

国内上述几个高速公路改扩建保通车速的研究中,较早的深汕西改扩建和开阳改扩建依据的是项目路在施工时实际的运行速度,对不同工况下的车速进行了观测和统计。而京哈高速是依据国家标准和项目所在地辽宁省的地方标准,结合项目的交通组成和事故情况初步确定了保通车速。

深汕西改扩建项目和京哈改扩建项目均以拟定的保通车速,结合项目路的分流方案对改扩建施工期间的服务水平进行了验算,确保项目的保通设计车速与分流方案配合,能够保证项目在施工期间的服务水平。

10.3　广韶高速运行速度与通行效率分析

10.3.1　广韶高速运行速度要求及模拟仿真概述

广韶高速设计速度 100 km/h,现采用分车型限速,小客车限速 120 km/h,大型车限速 100 km/h。广韶高速全线唯一的隧道旦架哨隧道限速 100 km/h。

针对广韶高速典型路段主线 K2084+561 至 K2086+810 路段开展 Vissim 模拟仿真。弯道路段存在潜在的交通拥堵,行车风险较大,驾驶人在到达弯道前往往存在减速行为,在高峰交通量下容易发生拥堵。本次仿真试验将弯道处作为研究重点,应用交通流三参数基本关系中的速度-流量关系,通过 Vissim 建模仿真,加载 60%、80%、100%、120%施工特征年预测高峰小时交通量,根据所获得的速度、流量数据绘制出速度-流量关系图,对主线的运行速度进行分析。

10.3.2　流量检测器的布置

结合路段实际情况,分别在图 10-4 所示位置设置流量检测器,具体布置部位见表 10-3,进行路段运行速度与通行效率分析。

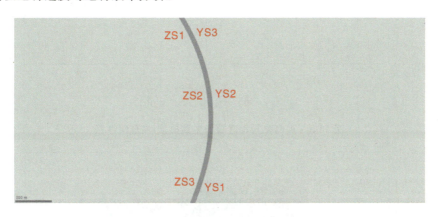

图 10-4　流量检测器位置布设示意图

表 10-3　流量检测器位置设置表

采集点	ZS1	ZS2	ZS3	YS1	YS2	YS3
位置	驶入弯道	弯道中部	驶出弯道	驶入弯道	弯道中部	驶出弯道
行车方向	韶关至广州			广州至韶关		

10.3.3　速度-流量仿真分析结果

(1)驶入弯道前

通过加载不同的流量比例,车辆驶入弯道前的主线速度-流量关系如图 10-5 所示。

通过分析,随着主线流量的不断增加,车辆速度呈现小幅度下降的趋势,但在四种主线流量条件下,所有车辆的速度均大于 80 km/h,交通状况畅通,未达到道路最大通行能力,车辆运行效率较高,能够满足施工期间交通需求。

(2)行驶弯道中部

通过加载不同的流量比例,车辆行驶于弯道中部的主线速度-流量关系如图 10-6 所示。

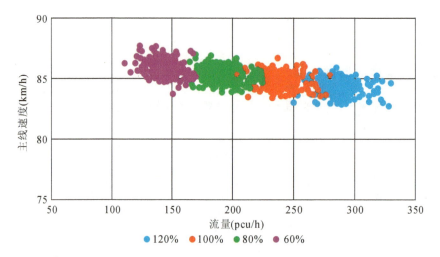

图 10-5　车辆驶入弯道前的主线速度-流量关系图

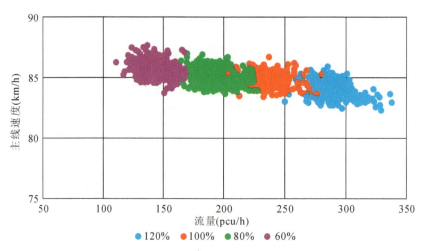

图 10-6　车辆行驶于弯道中部的主线速度-流量关系图

通过分析,由于车辆行驶在转弯路段,基于视距、行车安全等考虑,会产生小幅度减速行为,其中流量越大减速行为越明显,且车辆相较于前一阶段分布更为集中。但四种流量条件下车辆平均速度均在 80 km/h 以上,120%流量仍未达到转弯路段最大通行能力,车辆运行效率较高,能够满足施工期间交通需求。

(3)驶出弯道后

通过加载不同的流量比例,车辆驶出弯道后的主线速度-流量关系如图 10-7 所示。

通过分析,因刚驶出弯道,车速未开始明显提升,与上一阶段分布类似,且主线流量越大,车辆平均行驶速度越低。从总体来看,四种流量条件下车辆运行速度均大于 80 km/h,未达到道路最大通行能力,能够保证保通期间的车辆通行效率。

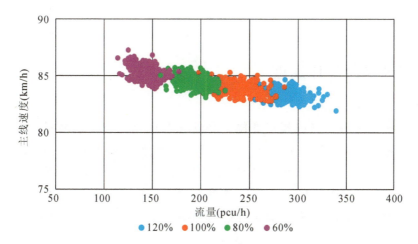

图 10-7　车辆驶出弯道后的主线速度-流量关系图

10.3.4　小结

针对广韶高速典型路段主线 K2084＋561 至 K2086＋810 路段开展 Vissim 模拟仿真。结果表明,分别加载 60％、80％、100％、120％施工特征年预测高峰小时交通量条件下车辆运行速度均大于 80 km/h,交通状况畅通,未达到道路最大通行能力,能够保证保通期间的车辆通行效率。

10.4　交通冲突分析

仍选取 K2084＋561 至 K2086＋810 的主线路段,在 4200 s(包含 600 s 预热时间)的相同仿真时间内,采用施工保通期间特征年最不利情况下交通量(即预测年 2022 年为 75541 pcu/d),按照预测交通量考虑加载不同比例流量,并对该路段进行交通冲突分析,得出结构如表 10-4 所示。

表 10-4　交通冲突分析结果一览表

输入流量	60％流量		80％流量		100％流量		120％流量	
冲突类型	追尾冲突	变道冲突	追尾冲突	变道冲突	追尾冲突	变道冲突	追尾冲突	变道冲突
冲突数	5	16	11	13	25	61	43	101

由表 10-4 可知,交通冲突数随着交通流量增加而明显增加,且冲突类型以变道冲突为主。

作为高速公路基本路段,该路段经每种情况进行 8 次试验后,其冲突数比例仍然处于较低水平。即使在加载最大的 120％交通量情况下,冲突率仅为 2.07％,行车安全水平较高。

10.5 保通路段设计速度

（1）保通路段设计速度

通过调查，研究得出美国规定的施工作业区的限制速度一般降低 10 mile/h（约 16.1 km/h）至 20 mile/h（约 32.2 km/h），国内现行标准规范规定施工期保通设计速度（限速）为 60～80 km/h。开阳改扩建施工区实测运行速度为 80 km/h 左右。广韶高速典型路段的 Vissim 模拟仿真结果表明，车辆平均速度均在 80 km/h 以上，交通状况畅通，未达到道路最大通行能力，车辆运行效率较高，能够满足施工期间交通需求；交通冲突数比例处于较低水平，行车安全水平较高。

结合广韶高速的项目特点，从交通安全角度和通行效率角度综合考虑，建议广韶高速施工区保通路段设计速度采取 80 km/h。

（2）特殊工点保通设计速度

依据国内外规范调研与实际项目调研，拟定施工期间通过中央分隔带开口转换交通，或其他车道宽度受到限制的工况下采用 60 km/h 的保通设计速度。

10.6 本章小结

保通设计速度是高速公路改扩建交通组织设计的核心指标，其取值应兼顾安全与效率。本章针对"六改十"高速公路改扩建工程施工期保通路段设计速度标准开展研究，首先对国内外的相关资料进行调研，将得到的国外施工作业区的设计车速和国内标准规范作业区限速值的规定作为辅助参考，接着针对在建高速公路改扩建项目施工期运行车速进行实测，分析统计施工期运行车速特征，最后通过 Vissim 建立广韶高速施工期道路模型，加载实际交通量和车型比例，模拟仿真施工期运行速度与效率、交通冲突，经综合论证，得出了保通路段的设计车速。这一研究方法及研究结果可为国内十车道高速改扩建施工期保通路段设计速度的确定提供参考。

第 11 章

重难点工程交通组织方案研究

11.1 重难点工程概况

11.1.1 旦架哨隧道路段概况

旦架哨隧道路段(K2080+772.40—K2084+575.896)主要为分离式路基,含全线唯一的一座隧道——旦架哨隧道,也是本路段的控制性工程,现为分离式双洞隧道,左幅隧洞长 735 m,右幅隧洞长 785 m,隧洞间净距 65 m。在旦架哨隧道路段实施隧道中间+右侧分离新建的交通组织方案,如图 11-1 所示。

图 11-1　隧道中间+右侧分离新建方案路线平面图

　　且架哨隧道路段新建中间＋右侧分离隧道,施工期间先利用既有隧道维持双向六车道通行,待新建中间＋右侧分离隧道完成后,再对既有隧道进行改造,新建中间＋右侧分离隧道维持双向六车道通行,见图11-2。

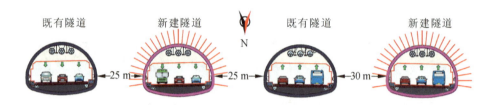

图 11-2　隧道中间＋右侧分离新建方案断面示意图

11.1.2　升平枢纽互通概况

　　升平枢纽互通位于京港澳高速 K2087＋881 处,互通形式为单环式变形苜蓿叶枢纽互通,被交路为汕湛高速,等级为高速公路,被交路下穿主线。其主要功能是实现汕湛高速与广韶高速间的交通量转换。

　　根据实地调查,升平枢纽互通如图 11-3 所示,上跨汕湛高速现状主线桥宽度仅按40.5 m八车道预留,无法满足扩建需求;B 匝道采用 2×24＋28.2 m 桥上跨京港澳高速主线,桥墩离现状路基仅 4.5 m,D 匝道采用 2×30 m 桥上跨主线,桥墩离现状路基仅4.7 m,桥梁跨径净宽无法满足十车道扩建需求;匝道桥现状净宽仅为 5.5 m,无富余量,净宽无法满足十车道扩建需求。

图 11-3　升平枢纽互通鸟瞰图

主线为东侧分离新建的五车道,互通将不满足扩建条件的 B、D 匝道桥拆除,原位重建匝道桥上跨主线;主线西侧匝道保持原状,东侧匝道局部调整,顺接扩建后的主线。升平枢纽改造方案复杂,针对升平枢纽施工期匝道保通交通组织进行研究。

11.1.2.1　升平枢纽互通匝道保通交通组织方案

如图 11-4 所示,在升平枢纽互通原匝道旁新建 B1、D1 匝道,将原 B、D 匝道用于施工期保通;主线西侧匝道保持原状,东侧匝道局部调整,顺接扩建后的主线。

图 11-4　升平枢纽互通方案

11.1.2.2　升平枢纽互通保通方案设计

在改扩建工程施工期间,按照施工进度,升平枢纽互通分四个阶段进行保通方案设计。具体保通方案介绍如下:

第一阶段(图 11-5)

①本阶段主线交通和匝道交通维持现状通行;

②在 A、F 匝道附近修建临时保通便道;

③主线两侧进行清表、路基填筑等施工;

④对匝道线外部分路段进行施工;

⑤对桥梁施工时,应做好防落物措施。

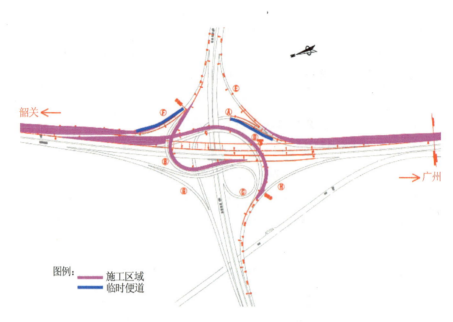

图 11-5　升平枢纽互通改扩建施工第一阶段保通方案

第二阶段(图 11-6)

①本阶段利用临时便道及第一阶段完成部位进行匝道保通;

②对未改动匝道,维持原交通;

③主线两侧进行清表、路基填筑等施工;

④对匝道线外部分路段进行施工。

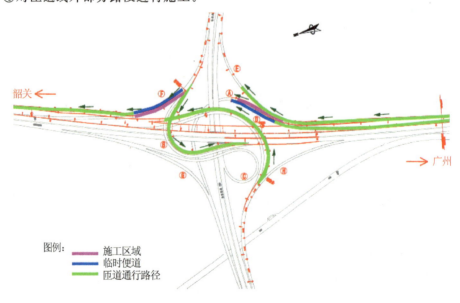

图 11-6　升平枢纽互通改扩建施工第二阶段保通方案

第三阶段（图 11-7）

①本阶段利用已完成的永久匝道进行匝道保通；

②对主线剩余部分进行施工；

③进行桥梁施工时，应做好防落物措施。

图 11-7　升平枢纽互通改扩建施工第三阶段保通方案

第四阶段（图 11-8）

本阶段完成剩余附属设施等施工，恢复正常通行。

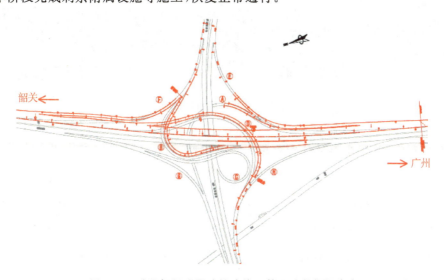

图 11-8　升平枢纽互通改扩建施工第四阶段保通方案

11.1.3 石门村路段与马骝山森林公园路段概况

11.1.3.1 石门村路段工程概况

石门村路段地势起伏较大,平纵线形组合复杂;含有全线最高的纵坡(纵坡坡度 4%,设有爬坡车道),且对应坡长 905.5 m,不满足现行规范要求;沿线共有 7 处高边坡,还有 800 kV 超高压铁塔(图 11-9)。考虑到本路段线形指标较差且事故频发,改扩建工程相关人员对局部纵坡进行了优化,针对石门村路段纵坡调整路段的交通组织方案进行研究。

图 11-9 超高压铁塔路段

11.1.3.2 马骝山森林公园路段工程概况

如图 11-10 所示,马骝山森林公园路段含有改扩建工程路段最小的,也是唯一的 800 m 半径圆曲线,高边坡共有 8 处,在公路两侧均有分布;路线穿越马骝山省级森林公园,局部路段纵坡坡度较大,交通事故频发。考虑到本路段线形指标较差且事故较多,改扩建工程从优化平纵线形、提高行车舒适度角度出发,对局部纵坡进行了优化,针对马骝山森林公园路段平纵线形调整路段的交通组织方案开展研究。

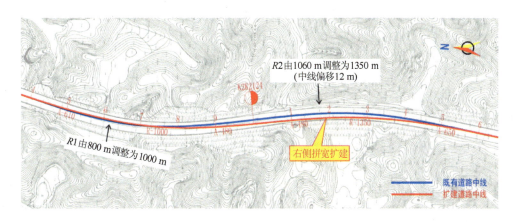

图 11-10　马骝山森林公园路段

11.1.4　铺锦枢纽互通路段工程概况

京港澳高速与佛清从高速在广州市从化区太平镇交叉(桩号 K2116＋388.258),设置铺锦枢纽互通,如图 11-11 所示。京港澳高速设计速度 100 km/h,经改扩建后,将双向六车道扩建为双向十车道。佛清从高速设计速度 120 km/h,双向六车道,路基全宽34.5 m,已处于施工阶段。

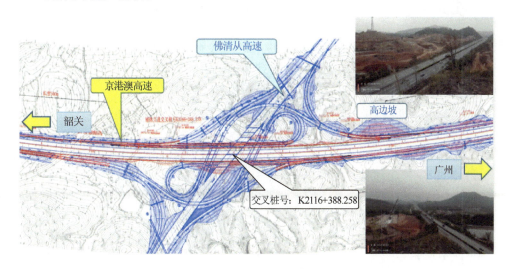

图 11-11　铺锦枢纽互通

11.2 重难点工程交通组织

11.2.1 桥梁左侧拼宽交通组织方案

第一阶段(图 11-12):新建单侧拼宽扩建桥梁(施工侧与路基施工同步)下部结构施工,上部结构预制;原有老桥双向六车道通行。

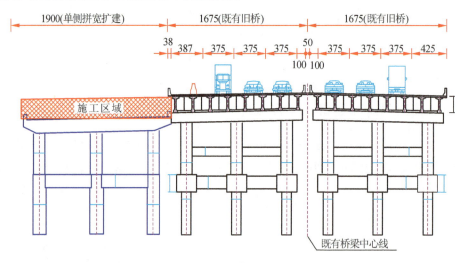

图 11-12 桥梁左侧拼宽第一阶段交通组织方案

第二阶段(图 11-13):新建单侧拼宽扩建桥梁(施工侧与路基施工同步)上部结构施工;新建单侧拼宽扩建桥梁与老桥进行拼接,原有老桥双向六车道通行。

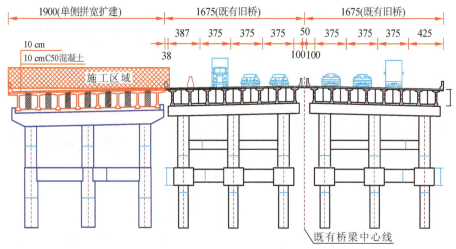

图 11-13 桥梁左侧拼宽第二阶段交通组织方案

第三阶段(图 11-14)：利用拼宽侧与老桥半幅进行保通,改造加固既有左幅桥梁,拆除左幅既有护栏,新旧桥完成拼接。施工期间维持双向六车道通行,在相应的位置设置小车专用道和大型车辆靠右的交通标志。

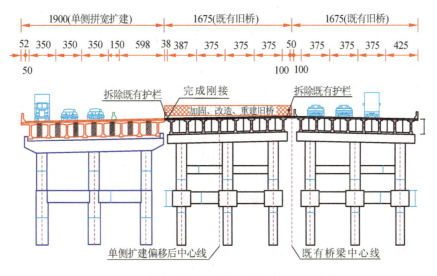

图 11-14　桥梁左侧拼宽第三阶段交通组织方案

第四阶段(图 11-15)：既有右幅交通转换至扩建后左幅,改造加固既有右幅桥梁,完成既有右幅与左幅的连接。施工期间,维持双向六车道通行,在相应的位置设置小车专用道和大型车辆靠右的交通标志。

第五阶段(图 11-16)：桥梁交通安全设施施工；开放交通,新旧桥面双向十车道通行。

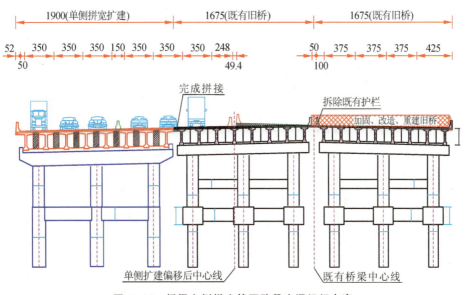

图 11-15　桥梁左侧拼宽第四阶段交通组织方案

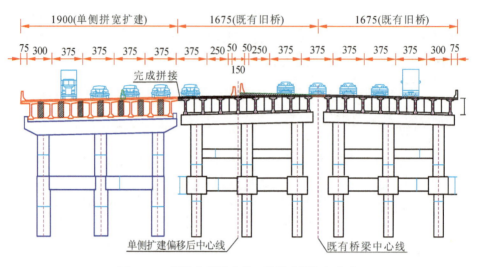

图 11-16 桥梁左侧拼宽第五阶段交通组织方案

11.2.2 下挖路段交通组织方案

（1）方案一

第一阶段（图 11-17）：原有土路肩波形梁护栏维持现状，从土路肩边缘开始进行清表、削坡、挖台阶及正常填筑。施工期间主线维持双向六车道通车，全线维持双向六车道通行，车辆在原有路面上正常双向行驶。对于未设置护栏的路段，需要设置临时隔离防护设施。

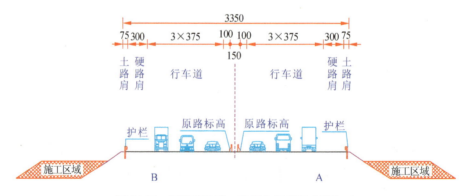

图 11-17 下挖路段第一阶段交通组织方案（一）

第二阶段（图 11-18）：路侧路基拼宽，A 幅路侧临时路面与原路齐平。全线维持双向六车道通行，车辆在原有路面上限速双向行驶。

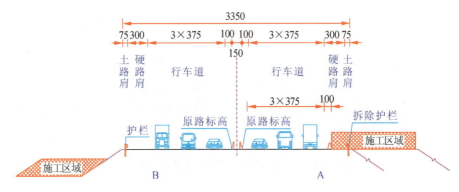

图 11-18　下挖路段第二阶段交通组织方案（一）

　　第三阶段（图 11-19）：封闭道路 B 半幅，将交通转移至道路加宽的 A 半幅通车。施工期间 A 半幅维持双向六车道通行，在相应的位置设置小车专用道和大型车辆靠右的交通标志。对 B 半幅路面施工，完成新旧路面衔接及加铺罩面，并设置相应的临时交通标志、标线。

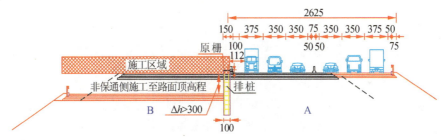

图 11-19　下挖路段第三阶段交通组织方案（一）

　　第四阶段（图 11-20）：在 B 半幅道路施工完毕，相应的交通标志、标线、护栏等均施工结束后，将原 A 半幅路面上双向行驶的交通量转移到新建的 B 半幅道路上。封闭道路 A 半幅，下挖并施工至路面顶面。施工期间 B 半幅维持双向六车道通行，在相应的位置设置小车专用道和大型车辆靠右的交通标志。

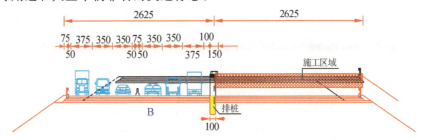

图 11-20　下挖路段第四阶段交通组织方案（一）

　　第五阶段（图 11-21）：道路路基路面改建工程完毕，相应的交通设施均配备齐全后，车辆在双向十车道道路上行驶。

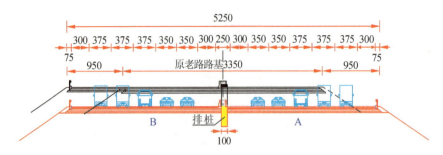

图 11-21　下挖路段第五阶段交通组织方案（一）

（2）方案二

第一阶段（图 11-22）：原有土路肩波形梁护栏维持现状，从土路肩边缘开始进行清表、削坡、挖台阶及正常填筑。施工期间主线维持双向六车道通车，全线维持双向六车道通行，车辆在原有路面上正常双向行驶。对于未设置护栏的路段，需要设置临时隔离防护设施。

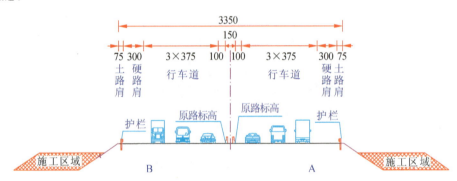

图 11-22　下挖路段第一阶段交通组织方案（二）

第二阶段（图 11-23）：路侧路基拼宽，A 幅施工至永久下面层。全线维持双向六车道通行，车辆在原有路面上限速双向行驶。

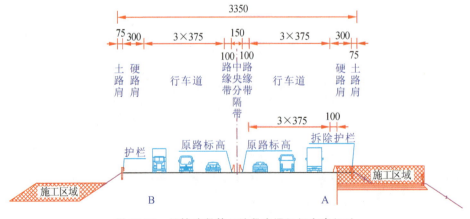

图 11-23　下挖路段第二阶段交通组织方案（二）

第三阶段(图 11-24):利用 A 幅双向六车道临时保通,B 幅整体下挖施工,B 幅整体施工至上面层。

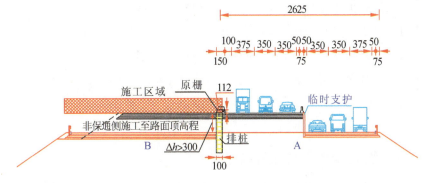

图 11-24　下挖路段第三阶段交通组织方案(二)

第四阶段(图 11-25):利用 B 幅双向六车道临时保通,A 幅整体下挖,施工至上面层。

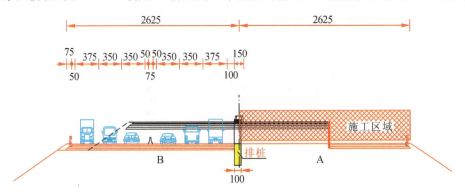

图 11-25　下挖路段第四阶段交通组织方案(二)

第五阶段(图 11-26):道路路基路面改建工程完毕,相应的交通设施均配备齐全后,车辆在双向十车道道路上行驶。

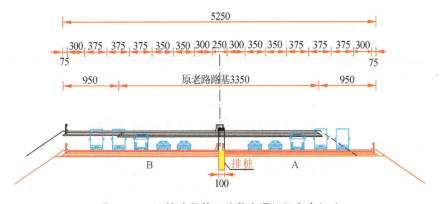

图 11-26　下挖路段第五阶段交通组织方案(二)

（3）方案比选

总的来说，两种方案各有优劣。

方案一：保通路面不存在高差，安全性相对较高，对临时防护、临时支护的要求相对较低，但临时路面工程量相对较多，造价提升。

方案二：保通路面存在高差，安全性相对较低，对临时防护、临时支护的要求相对较高，但临时路面工程量相对较少。

一般推荐方案一。

11.2.3　中心线偏移路段交通组织方案

第一阶段（图 11-27）：原有土路肩波形梁护栏维持现状，从土路肩边缘开始进行清表、削坡、挖台阶及正常填筑。全线维持双向六车道通行，车辆在原有路面上正常双向行驶。对于未设置护栏的路段，需要设置临时隔离防护设施。

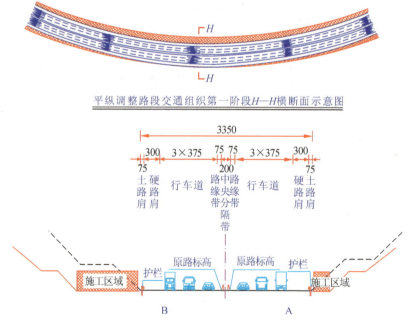

图 11-27　中心线偏移路段第一阶段交通组织方案

第二阶段（图 11-28）：路侧路基拼宽，B 幅路侧临时路面与原路齐平。全线维持双向六车道通行，车辆在原有路面上限速双向行驶。

第三阶段（图 11-29）：本阶段对道路中心线调整路段的中央分隔带护栏进行铲除硬化施工。施工期间维持双向六车道通行。

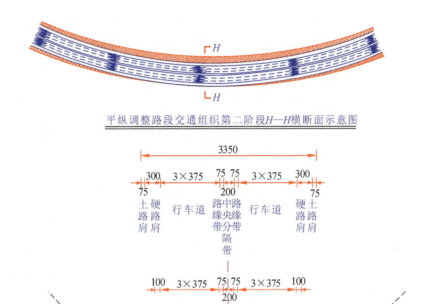

图 11-28　中心线偏移路段第二阶段交通组织方案

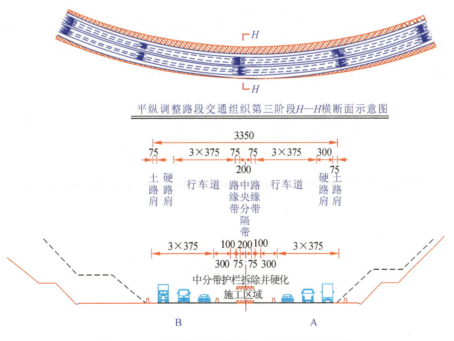

图 11-29　中心线偏移路段第三阶段交通组织方案

第四阶段(图 11-30):交通转移至 B 幅,对向双向六车道限速通行。封闭道路 A 幅,施工至路面顶面。施工期间,在相应的位置设置小车专用道和大型车辆靠右的交通标志。

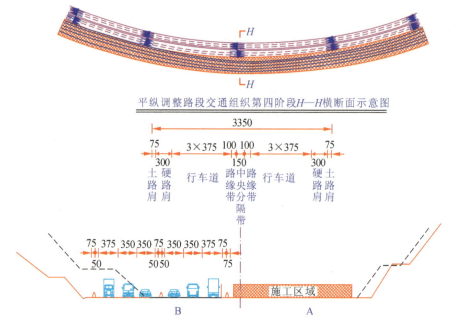

图 11-30　中心线偏移路段第四阶段交通组织方案

第五阶段(图 11-31):交通转移至 A 幅,对向双向六车道限速通行。封闭道路 B 幅,施工至路面顶面。施工期间,在相应的位置设置小车专用道和大型车辆靠右的交通标志。最后完成剩余附属设施等施工,全断面开放交通,双向十车道通行。

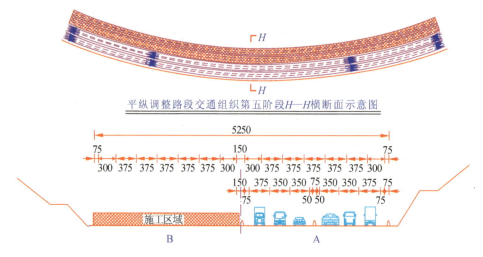

图 11-31　中心线偏移路段第五阶段交通组织方案

11.2.4　双侧拼宽路段交通组织方案

第一阶段(图 11-32):原有土路肩波形梁护栏维持现状,从土路肩边缘开始进行清表、削坡、挖台阶及正常填筑。施工期间主线维持双向六车道通车,全线维持双向六车道通行,车辆在原有路面上正常双向行驶。对于未设置护栏的路段,需要设置临时隔离防护设施。

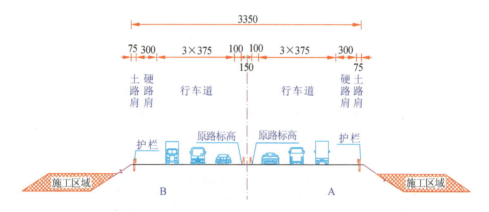

图 11-32　双侧拼宽路段第一阶段交通组织方案

第二阶段(图 11-33):路侧路基拼宽,保持双向六车道正常通行并切除硬路肩(部分路段不切除硬路肩),两侧路面拼宽部分施工至上面层;敷设通信设施、完善道路排水防护设施,左右幅同时需要完成路侧永久护栏及路侧标志等设施施工。全线维持双向六车道通行,车辆在原有路面上限速双向行驶。

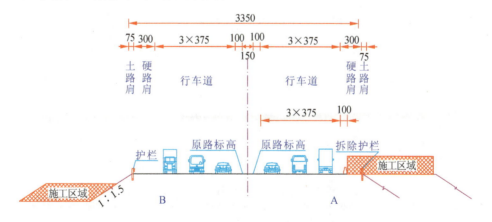

图 11-33　双侧拼宽路段第二阶段交通组织方案

第三阶段(图 11-34):封闭道路 B 半幅,将交通转移至道路加宽的 A 半幅通车。施工期间 A 半幅维持双向六车道通行,在相应的位置设置小车专用道和大型车辆靠右的交通标志。对 B 半幅路面施工,完成新旧路面衔接及加铺罩面,并设置相应的临时交通标志、标线。

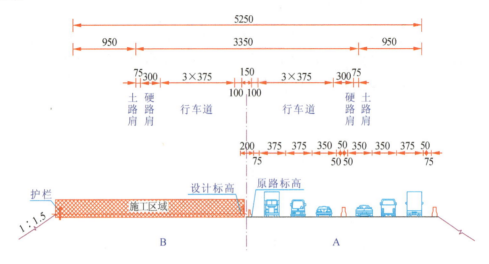

图 11-34 双侧拼宽路段第三阶段交通组织方案

第四阶段(图 11-35):在 B 半幅道路施工完毕,相应的交通标志、标线、护栏等均施工结束后,将原 A 半幅路面上双向行驶的交通量转移到新建的 B 半幅道路上。封闭道路 A 半幅,进行路面面层修补罩面施工,将旧路面与新铺路面进行接缝处理。施工期间,B 半幅维持双向六车道通行,在相应的位置设置小车专用道和大型车辆靠右的交通标志。

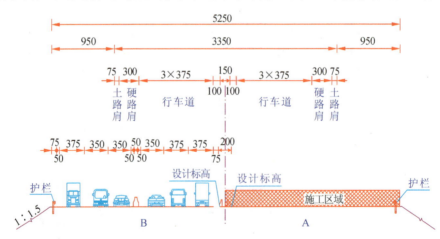

图 11-35 双侧拼宽路段第四阶段交通组织方案

第五阶段(图 11-36):道路路基路面改建工程完毕,相应的交通设施均配备齐全后,车辆在双向十车道道路上行驶。

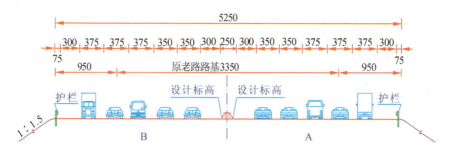

图 11-36　双侧拼宽路段第五阶段交通组织方案

11.2.5　双侧拼宽抬升路段交通组织方案

（1）方案一

第一阶段（图 11-37）：原有土路肩波形梁护栏维持现状，从土路肩边缘开始进行清表、削坡、挖台阶及正常填筑。施工期间主线维持双向六车道通车，全线维持双向六车道通行，车辆在原有路面上正常双向行驶。对于未设置护栏的路段，需要设置临时隔离防护设施。

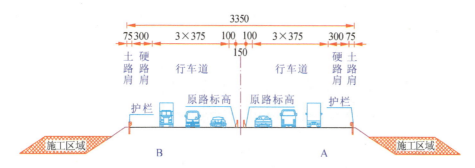

图 11-37　双侧拼宽抬升路段第一阶段交通组织方案（一）

第二阶段（图 11-38）：路侧路基拼宽，并对拼宽一侧进行抬高；敷设通信设施、防护设施，同时需要完成路侧永久护栏等设施施工。全线维持双向六车道通行，车辆在原有路面上限速双向行驶。

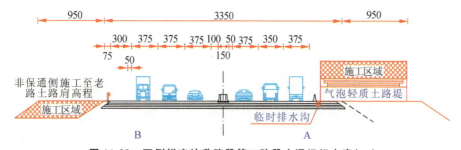

图 11-38　双侧拼宽抬升路段第二阶段交通组织方案（一）

第三阶段(图11-39):封闭道路B半幅,将交通转移至道路加宽的A半幅通车。施工期间A半幅维持双向六车道通行,在相应的位置设置小车专用道和大型车辆靠右的交通标志。对B半幅轻质土及路面施工,设置相应的临时交通标志、标线。

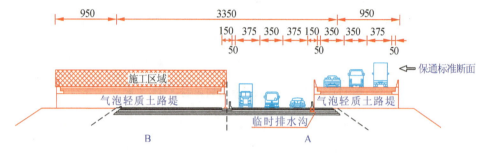

图11-39 双侧拼宽抬升路段第三阶段交通组织方案(一)

第四阶段(图11-40):在B半幅道路施工完毕,相应的交通标志、标线、护栏等均施工结束后,将原A半幅路面上双向行驶的交通量转移到新建的B半幅道路上。封闭道路A半幅,进行对老路剩余路段的轻质土路堤和路面施工。施工期间,B半幅维持双向六车道通行,在相应的位置设置小车专用道和大型车辆靠右的交通标志。

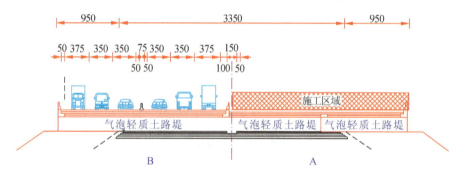

图11-40 双侧拼宽抬升路段第四阶段交通组织方案(一)

第五阶段(图11-41):道路路基路面改建工程完毕,相应的交通设施均配备齐全后,车辆在双向十车道道路上行驶。

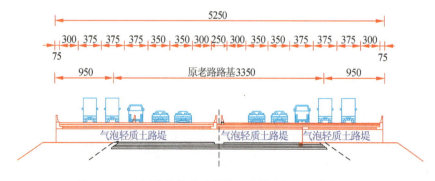

图11-41 双侧拼宽抬升路段第五阶段交通组织方案(一)

（2）方案二

第一阶段（图 11-42）：原有土路肩波形梁护栏维持现状，从土路肩边缘开始进行清表、削坡、挖台阶及正常填筑。施工期间主线维持双向六车道通车，全线维持双向六车道通行，车辆在原有路面上正常双向行驶。对于未设置护栏的路段，需要设置临时隔离防护设施。

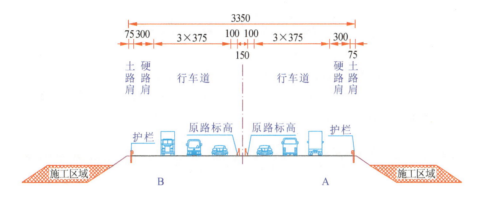

图 11-42　双侧拼宽抬升路段第一阶段交通组织方案（二）

第二阶段（图 11-43）：路侧路基拼宽，A 幅抬高施工至与老路齐平，施工临时路面。全线维持双向六车道通行，车辆在原有路面上限速双向行驶。

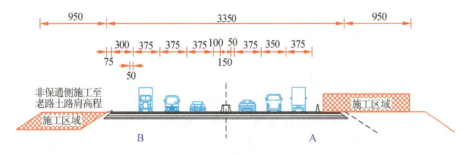

图 11-43　双侧拼宽抬升路段第二阶段交通组织方案（二）

第三阶段（图 11-44）：利用 A 幅临时双向六车道通行，B 幅整体抬高，施工至上面层。

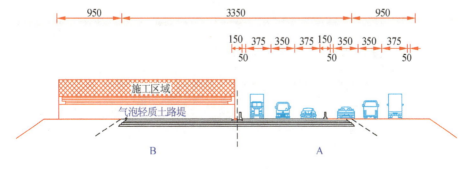

图 11-44　双侧拼宽抬升路段第三阶段交通组织方案（二）

第四阶段（图 11-45）：利用 B 幅临时双向六车道通行，A 幅整体抬高，施工至上面层。

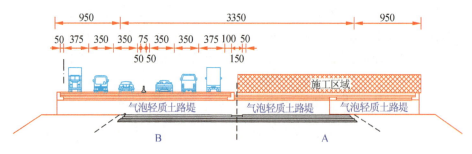

图 11-45 双侧拼宽抬升路段第四阶段交通组织方案（二）

第五阶段（图 11-46）：道路路基路面改建工程完毕，相应的交通设施均配备齐全后，车辆在双向十车道道路上行驶。

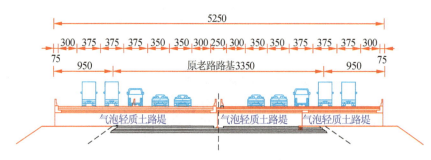

图 11-46 双侧拼宽抬升路段第五阶段交通组织方案（二）

（3）方案比选

总的来说，两种方案各有优劣。

方案一：保通路面存在高差，安全性相对较低，对临时防护、临时支护的要求相对较高，对临时路面排水相关设施要求高，但临时路面工程量相对较少。

方案二：保通路面不存在高差，安全性相对较高，对临时防护、临时支护的要求相对较低，且排水问题相对较小，但临时路面工程量相对较多，造价提升。

一般推荐方案二。

11.2.6 桥梁双侧拼宽路段交通组织方案

第一阶段（图 11-47）：两侧新建拼宽桥梁下部结构施工，上部结构预制，原有老桥双向六车道通行。

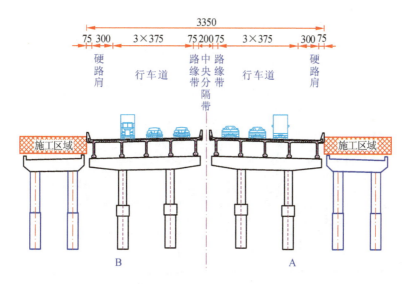

图 11-47　桥梁双侧拼宽路段第一阶段交通组织方案

第二阶段(图 11-48)：两侧新建拼宽桥梁上部结构施工。此阶段把 A 幅新拼宽的桥梁做到与老路桥梁齐平，原有老桥双向六车道通行。

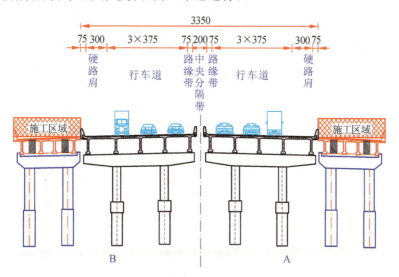

图 11-48　桥梁双侧拼宽路段第二阶段交通组织方案

第三阶段(图 11-49)：对 B 半幅老桥进行加固改造、顶升，B 半幅新老桥拼接及桥面面层整体摊铺施工。施工期间 A 半幅维持双向六车道通行，在相应的位置设置小车专用道和大型车辆靠右的交通标志。

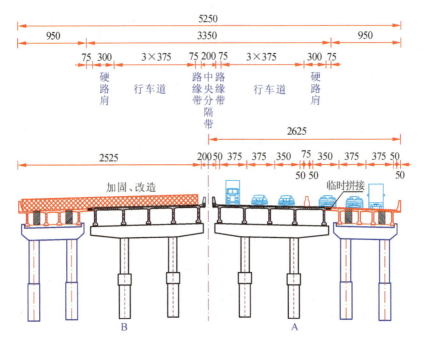

图 11-49 桥梁双侧拼宽路段第三阶段交通组织方案

第四阶段(图 11-50):在 B 半幅桥梁施工完毕,相应的交通标志、标线、护栏等均施工结束后,将原 A 半幅桥梁上双向行驶的交通量转移到新建的 B 半幅道路上。施工期间,B 半幅维持双向六车道通行,在相应的位置设置小车专用道和大型车辆靠右的交通标志。完成对 A 半幅新老桥顶升、A 半幅新老桥拼接及桥面面层整体摊铺施工。

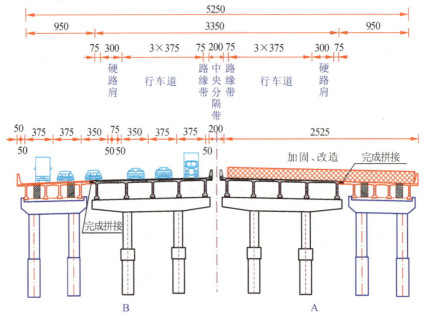

图 11-50 桥梁双侧拼宽路段第四阶段交通组织方案

第五阶段(图 11-51):完成桥梁交通安全设施施工。开放交通,新旧桥面双向十车道通行。

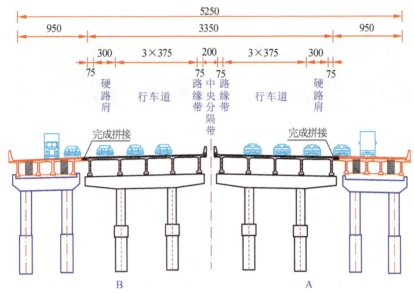

图 11-51　桥梁双侧拼宽路段第五阶段交通组织方案

11.3　上跨桥交通组织方案

11.3.1　上跨主线桥梁拆除方案

广韶高速交通量大,跨线桥拆除过程中需保证主线双向六车道通行。

既有 10 处分离式立交桥和 3 处匝道桥上部结构均为现浇连续梁结构(其中第一处既有分离式立交桥已废弃,地方在邻近位置设置钢筋混凝土空心板分离式立交桥)。根据国内跨线桥拆除的成功案例,有如下四种拆除方案:

方案一:满堂支架凿除方案(图 11-52)

步骤一:布设防坠网并拆除护栏等桥面附属设施。

步骤二:交通转换,桥下搭设支架,并在主线路面铺设垫层,凿岩机就位。

步骤三:凿除箱梁翼板、腹板、顶面及底板等上部结构。

步骤四:凿除下部结构,清理现场,恢复交通。

优点:采用满堂支架凿除施工,操作技术简单,工艺成熟。

缺点:①拆除工期较长,整体凿除工期约需 10 d。

②环境污染较大,施工期间需采取防尘降尘措施。

③拆除工程量相对较大。

图 11-52 满堂支架凿除方案示意图

方案二：切割分块吊装拆除方案（图 11-53）

步骤一：布设防坠网并拆除护栏等桥面附属设施。

步骤二：根据结构计算合理设置分块方案，并在切割位置桥下搭设支撑架。

步骤三：按照分块方案进行切割，并临时固定。

步骤四：交通转换，解除临时固定，用汽车吊将分块梁体吊离。

步骤五：拆除支撑架，切割拆除下部结构，清理现场，恢复交通。

优点：①采用切割分块吊装拆除方案，施工工艺成熟。

②环境污染较小。

缺点：①拆除工期较长，切割吊装拆除工期与凿除方案相当。

②现浇连续梁分段拆除需要体系转换，需对拆除阶段的各阶段受力进行详尽验算分析，对设计施工技术要求高。

图 11-53 切割分块吊装拆除方案示意图

方案三：爆破拆除方案（图 11-54）

工序：布孔→钻孔→装药→炮孔堵塞→爆破网络敷设→安全警戒→路面保护→起爆→爆后检查→场地清理。

优点：①采用微爆破加后期机械破拆的方式，效率高，整体拆除时间省，约需 4 d。

②费用低。

缺点：①爆破拆除施工过程中需临时封闭交通，无法保证主线双向六车道通行。

②爆破后清理工作量大，需要投入设备多。

③爆破拆除,牵扯到炸药的使用、运输及管理,同时考虑到爆破时对周围环境及人员车辆的影响,对施工安全管理要求高。

④新旧桥距离较近,对施工队伍的技术水平有较高要求。

图 11-54　爆破拆除方案示意图

方案四:自行式模块车(SPMT)拆除方案(图 11-55)

步骤一:布设防坠网并拆除护栏等桥面附属设施。

步骤二:主线交通转换,自行式模块车支撑就位。

步骤三:上部结构梁体切割,由自行式模块车驮运离场。

步骤四:拆除下部结构,清理现场,恢复交通。

优点:①效率高,整体拆除时间短,约需 2 d。

②工程规模小且拆除费用低。

缺点:应用自行式模块车时,需由专业技术人员进行操控。

图 11-55　自行式模块车拆除方案

现将四种方案的经济技术进行总结,其结果如表 11-1 所示

表 11-1　拆除方案的经济技术比较

项目	方案一:满堂 支架凿除	方案二:切割分块 吊装拆除	方案三: 爆破拆除	方案四: SPMT 拆除
施工 难易度	操作技术简单, 工艺成熟	拆除阶段桥梁受力体系需转换,工艺成熟	效率较高,爆破较容易,清理现场需要投入较多设备	效率较高,需使用 自行式模块车

续表 11-1

项目	方案一：满堂 支架凿除	方案二：切割分块 吊装拆除	方案三： 爆破拆除	方案四： SPMT 拆除
对交通 影响	主线车道需外移 保通	主线车道需外移 保通	爆破期间需临时 封闭交通,无法保通	主线车道需外移 保通
对环境 影响	须采取防尘降尘 措施	较小	须采取防尘降尘 措施	较小
工期	10 d	10 d	4 d	2 d
工程规模及 经济指标	工程量大,造价高	工程量大,造价高	工程量大,造价低	工程量小,造价低

鉴于广韶高速沿线对环保要求较高,跨线桥拆除建议采用对环境影响较小、效率更高的方案四——自行式模块车拆除方案。如后续主线交通存在临时封闭的条件,SPMT方案可发挥其临时封闭交通时长短的优势。

11.3.2　上跨主线新建桥梁交通组织方案

第一阶段(图 11-56):封闭左右幅部分超车道,新建边墩、中墩,此阶段利用行车道和硬路肩双向六车道通行。

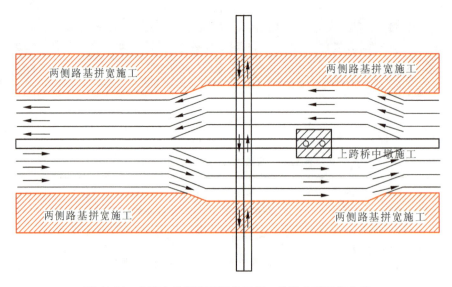

图 11-56　上跨主线新建桥梁施工第一阶段交通组织方案

第二阶段(图 11-57)：封闭右幅，架设右幅桥梁和桥面系附属设施，此阶段左幅双向六车道通行。

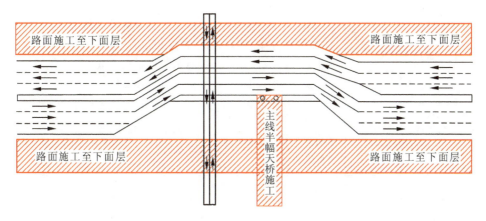

图 11-57　上跨主线新建桥梁施工第二阶段交通组织方案

第三阶段(图 11-58)：封闭左幅，架设左幅桥梁和桥面系附属设施，此阶段右幅双向六车道通行。

拆除上跨桥梁段交通组织：类似于新建上跨桥梁段交通组织的步骤二和步骤三。封闭半幅进行拆除作业，另外半幅双向六车道通行，地方交通利用新建上跨桥进行保通。

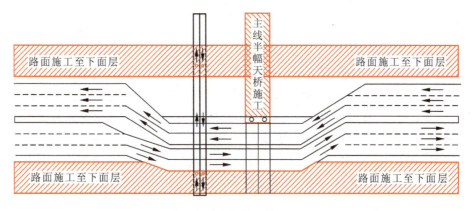

图 11-58　上跨主线新建桥梁施工第三阶段交通组织方案

11.4　事故较多的路段交通组织方案

本标段事故率总体较低，运行速度与设计速度协调性较好，针对出现事故较多的路段，提出初步改扩建方案，如表 11-2 所示。

表 11-2　事故较多路段改扩建方案一览表

序号	段落	改扩建方案	目的	备注
1	K2078—K2084 （佛冈互通至旦架哨隧道路段）	佛冈停车区移位改建	加大互通与隧道的间距，避免上下互通和停车区的车流短距离内频繁变道，减少行车冲突	
2	K2097—K2101 （石门村路段）	降低纵坡坡度，增大平曲线半径，优化平纵线形组合	改善平、纵视距，控制下坡车速	
3	K2122—K2125 （马骝山森林公园路段）	缩短坡长，降低坡度，改善中央分隔带内侧行车视距	改善平面视距，控制下坡车速	

　　针对出现事故较多的路段，专门提出初步改扩建方案，施工期交通组织基本能保证"保六"需求，并针对上述路段进行了保通方案研究，并加强了临时设施设计，如抬高路段设置了 SA 级钢筋混凝土临时护栏、设置临时照明设施、设置防撞桶、完成其他完善的临时配套设施设计等。

11.5　本章小结

　　本章针对广韶改扩建项目的重点路段，对十车道高速公路改扩建施工期纵面调整路段、中心线偏移路段、桥梁顶升路段、隧道、枢纽互通、桥梁等重难点工程等的交通组织方案开展研究，并提出推荐的交通组织方案。

第 12 章

交通组织配套设施设计研究

本章针对临时交通安全设施、永-临结合设施、永-临结合护栏、交安机电门架拆除紧急停靠点等交通组织配套设施提出设计方案。

12.1 临时交通安全设施

临时安全设施设计主要以施工组织、交通组织方案设计为基础,服务于施工组织、交通组织。临时安全设施按功能可分为临时分流的临时安全设施、用于保通的临时安全设施和用于安全施工的临时安全设施等。临时安全设施设计应尽量满足多种功能的需要,最大限度地发挥设施效益,为高速公路扩建期间提供较完善的警示、诱导、隔离等安全服务。

由于高速公路改扩建工程的工点复杂、交通组织阶段多、交通转换频繁等特点,临时安全设施设计应坚持以下设计原则:

"坚持安全第一,预防为主"原则,提前预告、诱导交通,保障行车安全;

"坚持通用性及可重复性利用"原则,避免重复投资造成浪费;

"坚持易于施工、便于维护"原则,确保在交通转换阶段,可以便利地设置临时设施,若出现破损情况能够快速更换。

高速公路改扩建施工区临时安全设施设计内容主要包括临时交通标志、临时标线、临时隔离设施、临时防护设施等。施工区安全设施的设置为满足施工区安全行车的需要,以主动引导为主,被动防护适度,隔离封闭合理进行施工图设计。

施工区临时交通安全设施设置的基本要求如下:

(1)连续性;

(2)安全性;

(3)视认性好；

(4)醒目性要强；

(5)对行车干扰小。

此外,施工区临时安全设施设置时应注重车辆出行的便利性、舒适性,体现"以人为本、安全至上"的指导思想。

根据《道路交通标志和标线 第4部分:作业区》(GB 5768.4—2017)、《公路养护安全作业规程》(JTG H30—2015)、《高速公路改扩建交通工程及沿线设施设计细则》(JTG/T L80—2014)等,本工程施工作业控制区应按警告区、上游过渡区、缓冲区、工作区、下游过渡区和终止区的顺序依次布置。

临时安全设施考虑施工过程中的损耗率,临时护栏按每年5％的损耗率计量,临时隔离栅按每年10％的损耗率计量,临时标志按每年10％的损耗率计量,防撞桶按每年10％的损耗率计量,临时防眩设施按每年10％的损耗率计量,锥形桶按每年10％的损耗率计量。

12.1.1 临时交通标志

高速公路施工时,临时交通标志的设置是保证高速公路在不中断交通的情况下顺利完成高速公路建设的重要条件,是高速公路交通组织方案中重要的组成部分。同时,从经济性、安全性出发,合理设计临时交通标志的版面和支撑方式,以充分发挥临时交通标志的有效功能,保障高速公路建设安全实施,减少车辆的错行、误行,使车辆安全、顺利地通过施工路段。

临时交通标志按照设置功能可以分为两类:一类为配合施工区作业、路段交通流转换的临时交通标志;另一类为维持施工期间原高速公路基本使用功能而设置的必要的临时标志。临时交通标志按照类别分为指路标志、指示标志、警告标志、禁令标志、施工区标志等。临时交通标志的设施应根据现场情况进行针对性设计。临时标志的设计应依照《道路交通标志和标线 第2部分:道路交通标志》(GB 5768.2—2022)和《公路养护安全作业规程》(JTG H30—2015)等进行。

根据交通组织、施工组织方案,临时交通标志的设置应结合施工组织计划,配合施工时段划分及进度,在路网以及路段上设置相应的临时设施,确保施工期间路段各阶段交通流的正常转换,以及施工作业区的正常作业。各个阶段的临时交通标志的设置推荐以新建为主,兼顾老路拆除后的标志改造的再利用。

(1)施工区标志

①警告区:警告区是从最前面的第一块交通标志开始到施工区的第一个渠化装置为止,警告区长度为2000 m。警告区内必须设置施工标志(图12-1)、车辆慢行标志等,其他标志可视情况而设置。

②过渡区:当需要关闭车道时,必须设置过渡区。过渡区的设置尽可能使车流的变化平缓。过渡区通常由渠化装置或路面标线所组成,上游过渡区长 190 m,下游过渡区最小长度为 30 m。

③缓冲区:横向缓冲区宽度不小于 0.5 m,纵向缓冲区长度为 150 m。

④工作区:工作区是施工人员活动和工作的地方,其长度一般根据养护维修作业的需要而定,车道与工作区之间用锥形交通路标或者防撞塑料隔离墩进行分隔。工作区应为工程车辆提供安全的进出口。工作区前方用路栏(图 12-1)隔离。

⑤终止区:终止区最小长度为 30 m。

⑥其他:在重要临时设施上附着施工警告灯,保证夜间施工及行车的安全性。

⑦施工区临时标志采用可移动式结构,施工完可用于其他施工地点。因本工程施工时间较长,为保证施工路段交通安全,临时标志的版面采用Ⅳ类反光膜,夜间施工的重要临时标志上应附着施工警示灯和黄闪警示灯。

⑧临时安全设施的布置应配合主体的施工组织计划进行,并根据施工具体情况调整。

图 12-1　作业区标志和路栏

(2)指路标志

该类标志通常设置于路侧、老路中央分隔带,附着于隔离设施,用于在施工过程中替代老路路侧被挖除的标志功能,引导驾驶员合理选择路径。指路标志采用绿底黑字。

(3)禁令类标志

设置于项目改扩建施工期间,发挥临时交通管理功能,如限速标志(图 12-2)、禁止停车、禁止超车等交通标志。限速可设置为 100 km/h 、80 km/h、60 km/h 等,限速标志可设置在警告区护栏外侧或上游过渡区、缓冲区、工作区内。

图 12-2　限速标志

解除限速标志(图 12-3):解除限制速度,设置在终止区。

图 12-3 解除限速标志

车道数减少标志(图 12-4):车道数减少标志设置在警告区。

图 12-4 车道数减少标志

改道标志(图 12-5):设置在警告区中点附近。

图 12-5 改道标志

(4)告示类辅助标志

告示类辅助标志如图 12-6 所示,主要设置于路段上或互通入口处,主要给过往交通司乘人员温馨提示。如"施工路段,谨慎驾驶"等。

图 12-6　告示类辅助标志

该类标志结构可结合现场实际情况采用可移动式、单柱式或悬臂式,反光膜采用Ⅳ类。

（5）路段临时标志设施方案

临时交通标志应根据扩建施工不同阶段的交通组织方案及对交通安全的需求,做针对性设计。

①施工区临时标志

该阶段涉及老路土路肩挖除,需封闭老路硬路肩施工。对于上跨桥的拆除、新建等,临时交通标志均应做针对性设计,具体设置方案见设计图纸。

②替代老路拆除掉的临时交通标志

该阶段需拆除原设置于路基边坡的标志,而此时新建标志施工尚未完成,为了弥补标志功能的缺失,需要设置临时标志代替部分已拆除的标志。拆除后必须用临时标志代替的标志有出口预告标志、收费站及预告标志、地点距离标志、部分限速标志等。该类标志设置于路侧或中央分隔带,原则上将老路原标志拆除后再利用。具体设计方案见设计图纸。

待完成拼宽路面及部分路段的老路改造及附属设施后拆除临时设施。

（6）路网临时标志设施方案

①诱导点处临时标志

在诱导点设置临时标志,提示"广韶高速施工拥堵,建议绕行"。

②分流点处临时标志

在分流点互通出口前 250 m 及 1.5 km 处设置两处绕行路径提示标志牌,并在互通后适当位置设置"广韶高速施工,建议车辆绕行"的告示标志,如图 12-7 所示。

（7）临时里程标和百米标

临时里程标布设在整公里处,临时百米标布设在两个里程标间的整百米处,均采用附着形式,附着于路侧护栏或者临时护栏。

临时里程标和临时百米标均可考虑利用老路拆除的旧标志,版面为铝合金,反光膜采用Ⅳ类材料。

（8）临时交通标志版面、材料及结构

图 12-7 诱导分流点临时标志示例

临时交通标志专用字体采用 A、B、C 三种类型字体。

①公路命名编号标志和公路编号标志、出口编号标志、里程标和百米标中的英文和阿拉伯数字采用 B 类字体。

②平面交叉指路标志方向箭杆上的公路编号标志采用 C 类字体。

③其他汉字、英文字母、阿拉伯数字均采用 A 类字体。

施工区系列标志支撑结构采用支架结构形式；标志板采用 1 mm 厚镀锌钢板；字高 30 cm 或 50 cm。施工区标志根据规范及实际需要，按组进行设置，重复使用。

主线和路网范围内临时指路、告示标志采用新建。

（9）施工注意事项

标志板在运输、吊装过程中应小心，避免对标志板、反光膜产生任何损害；如果钢构件镀锌层在运输、安装过程中造成损伤，应及时采取补救措施。

可移动临时标志要注意防倾倒，采用混凝土基础形式或支架形式放置于路面上。风大地区可用沙袋置于支架立柱上作为配重，或采用膨胀螺栓与临时路面进行固定。

12.1.2　临时交通标线

12.1.2.1　临时标线布设

临时交通标线包括车道边缘线、车道分界线、路面标记、导向箭头等，标线材料的使用在施工期间优先考虑能为临时通行车辆提供清晰的信息之外，还应注重考虑标线材料的易清除性，标线设计按照《道路交通标志和标线 第 3 部分：道路交通标线》（GB 5768.3—2009）等执行。

（1）作业区临时标线的主要技术指标应不低于永久标线的设计指标，临时交通标线颜色宜为橙色。

(2)应考虑永-临结合问题,新增的临时交通标线应与保留的老路交通标线、新路永久性交通标线配合使用。

(3)标线材料的使用在施工期间优先考虑能为临时通行车辆提供清晰的信息之外,还应着重考虑标线材料的易清除性。

(4)标线的设置方案不得与临时交通标志相互矛盾。

(5)在道路、周边空间条件、自然环境等合适的情况下,标志和标线应同时设置。

12.1.2.2　临时标线材料技术要求

临时交通标线采用热熔型反光涂料和预成形标线带两类。对于施工完毕后需要重新加铺的路段,临时标线采用热熔型反光涂料;对于施工完毕后不再重新加铺的路段或移动作业路段,临时标线一般采用预成形标线带,若采用热熔型标线,则要求施工单位必须在使用完后彻底清除干净,不得影响永久标线的使用效果。外侧的车行道边缘线及车道分界线标线宽 15 cm,每间隔 15 m 断开 10 cm 的缺口以利于道路排水;施工路面标线之前,要求路面干燥、清洁,除净杂物和灰尘;施工时,环境温度不得低于 10℃;车道边缘线不应侵占行车道宽度;划标线之前,要根据设计图纸要求并结合道路平曲线要素、匝道曲线要素等实地放线,以保证标线位置精确、线形顺畅。

此外,临时标线无论设置在施工完毕后需要重新加铺路面的路段,还是设置在不再重新加铺的路段,均应对临时标线进行清除。需要重新加铺路面的路段,应先清除临时标线后再进行路面加铺施工。

(1)热熔反光涂料技术要求

①反光标线初始逆反射系数[mcd/(lx·m²)]:白色标线≥150,黄色标线≥100。

②一般标线厚度为 2.0 mm(−0.10,+0.50);凸起标线基线 2 mm,方形凸起块厚度为 3 mm。

③涂料中含 21%～25%的玻璃珠,施工时涂布涂层后立即将玻璃珠(0.3～0.34 kg/m²)撒布在其表面。

④玻璃微珠的施工质量要求:使用的玻璃珠必须过筛,筛除粒径不合格部分;面撒玻璃珠应在涂料喷涂后立即进行;成圆率指标按≥90%控制;玻璃珠折射率 RI≥1.90;面撒和预混均采用 1 号玻璃珠。

⑤玻璃微珠相关技术指标应符合《路面标线用玻璃珠》(GB/T 24722—2020)的要求。

(2)预成形标线带的技术要求:

①长效预成形标线带。

②为提高施工效率,标线带需预涂压敏胶,并具备易清除特性。

③初始逆反射系数[mcd/(lx·m²)]:白色标线≥250,黄色标线≥175。

④标线带厚度为 0.3~2.5 mm。

⑤标线带应柔韧、易成形、清洁、无裂纹,边界清晰、顺直、无破损。

⑥抗滑性能:抗滑值不小于 55 BPN。

⑦其他性能指标应满足《道路预成形标线带》(GB/T 24717—2009)的相关规定。

12.1.3 临时隔离设施

临时隔离设施包括混凝土隔离墩、塑料隔离墩、锥形路标、防撞桶、安全带等。其设置依照设计文件以及其他相关规范和规定进行,布设时注意临时设施与永久设施相结合。

12.1.3.1 混凝土隔离墩栏

混凝土隔离墩(图 12-8)采用永-临结合方案,利用中央分隔带混凝土护栏(提前预制)。混凝土隔离墩连续布设并采用型钢连接,且迎车面应贴Ⅳ类反光膜(作为诱导标),保证夜间行车导向性及安全性,用于临时防护。

图 12-8 混凝土隔离墩栏

12.1.3.2 交通锥

为规范行车秩序,施工过程中部分临时车道的边缘线为原老路车道分界线(6/9 虚线),建议临时车道边缘位置采用,每隔 5~10 m 设置一个。交通锥应满足夜间反光要求。

如图 12-9 所示,交通锥一般高为 900 mm,采用橡胶制作,质量为 4.4 kg。交通锥表面包覆高强级标准晶彩格反光材料,反光原片强度达 300 CPL,表面的文字图案可选用丝印、数码喷绘方式印制。

交通锥要求耐撞击、碾压,耐水、油、灰尘,耐用 24～36 个月以上(视使用场所和环境)。交通锥能迅速回弹,不伤车伤人,可循环使用。平面折角设计比圆锥设计的广角性能提升 1.7～1.8 倍,完全满足了驾驶员在高速驾驶时,前视视角提高对道路警示路障的警示高度与强度要求。

交通锥设在需要临时分隔车流,引导交通,保护施工现场设施和人员等场所周围或以前适当地点,主要用于时间较短的交通诱导。

图 12-9　交通锥

12.1.3.3　塑料隔离墩

短期改道时设置塑料隔离墩隔离交通流和施工区。塑料隔离墩内部充水量必须达到其内部容积的 90％及以上,纵向连续布设。塑料隔离墩的制作和布设应满足《公路养护安全作业规程》(JTG H30—2015)、《塑料隔离墩》(JT/T 847—2013)等规范的要求。

塑料隔离墩本体材料采用高密度聚乙烯树脂,反光材料采用晶彩格(高强级标准反光材料,反光原片强度达 300 CPL)制作,外形尺寸为 1500 mm(长)×480 mm(宽)×900 mm(高),壁厚不低于 3 mm,质量不低于 16 kg。

塑料隔离墩耐水、油、灰尘,耐用 24～36 个月以上(视使用场所和环境)。基身结构简单,摆放方便,可根据自身实际需要随意进行配重,可以随道路做弯度调整。该产品采用高强度、高弹性改性塑料制成,盛水后更具缓冲弹性,能吸收强大冲力,有效地减小对汽车、路人、围栏及工作区内人员的伤害。产品表面贴有 Ⅳ 类反光膜,在夜间起到警示作用。

12.1.3.4 护栏

(1)桥梁路段临时混凝土护栏

桥梁路段拼接时,在桥梁外侧护栏拆除前,路侧设置预制混凝土隔离墩。

(2)临时护栏 Gr—A—2E 和 Gr—SB—2E 波形梁钢护栏

临时便道主要是指用于社会车辆保通的临时道路,均采用临时护栏 Gr—SB—2E 作为临时防护;调坡路段路侧设置混凝土护栏。

(3)钢筋混凝土护栏

对于纵面调整路段,第二阶段半幅对向车道通行时,临时中央分隔带临空位置采用钢管桩预制混凝土护栏,钢管为老路护栏立柱旧物再利用。柱距 1 m,挡块及基础采用 C30 混凝土现浇,护栏采用中央分隔带混凝土护栏提前预制(预留钢管孔)。图 12-10 所示是钢管桩护栏示意图。

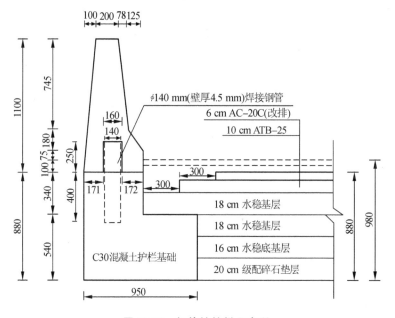

图 12-10 钢管桩护栏示意图

12.1.3.5 防撞桶

施工期间临时分流鼻端宜设置防撞桶,临时紧急停车带起终点处分别设置一个防撞桶。防撞桶的制作和布设应满足《公路养护安全作业规程》(JTG H30—2015)、《公路防撞桶》(GB/T 28650—2012)等规范的要求。

防撞桶的本体材料采用热塑橡胶,外表颜色为黄色;反光材料采用Ⅳ类反光膜,为底面直径 620 mm、高 920 mm 的柱体。防撞桶制作材料的力学性能应满足：①拉伸强度应不小于 15 MPa；②断裂伸长率（扯断伸长率）应不小于 200%。在安全性能方面，要求车辆碰撞防撞桶系统后，乘员纵横向碰撞速度均不超过 12 m/s，纵横向碰撞加速度 10 m/s²，间隔平均值的最大值不大于 20 g。

防撞桶桶盖和桶身可通过自身丝扣或自攻螺丝固定。桶身内部应设置横隔板，放置水、砂等配载物；横隔板的强度应能承受配载物的自重；防撞桶在空桶状态及加载配载物后均可成型，正面放置，加装配载物竖直放置时，配载物不能有内部和外向泄露。其他指标要求满足《公路防撞桶》（GB/T 28650—2012）规定。

发生碰撞时，防撞桶各构件组成部分及配载物不能飞散，不能对碰撞车辆、周围的人及其他车辆产生损坏或伤害。碰撞车辆能被有效地减速和停止，避免穿越或翻越防撞桶。

12.1.3.6　临时隔离栅

施工拆除老路隔离栅前，应第一时间安装临时隔离栅，防止动物或与施工不相关的人员进入施工和通车区域。

12.1.3.7　其他设施

（1）可变箭头信号、临时安全警示灯、太阳能线形诱导标（图 12-11）。放置在上游过渡区，或重要、危险部位，采用太阳能或充电方式提供设施能源供应。

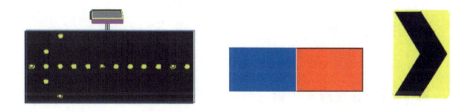

图 12-11　可变箭头信号、临时安全警示灯和太阳能线形诱导标

（2）仿真保通员

如图 12-12 所示，仿真保通员具有警示灯提示、自动摇摆等功能，放置在上游过渡区或重要、危险部位。仿真保通员采用高强度玻璃钢制作，方便维修，发生碰撞事故后最大限度地减少对车辆产生的损害。其高度不低于 1.6 m，带底座整体质量不低于 60 kg，采用电池供电，输入电压 12 V，手臂摇摆次数 30～45 次/min。

图 12-12　仿真保通员

12.1.4　临时诱导设施

主线拓宽施工时,应设置临时诱导设施,提示驾驶员注意道路状况的改变,并进行视线诱导。为确保拓宽施工时高速公路的安全畅通,必要时应设置线形诱导标。

诱导标包括普通标志及太阳能诱导标,与施工标志配合使用。在扩建过程中,在过渡区、缓冲区及互通施工区等处应设置施工警示灯,可采用太阳能警示灯。

12.2　永-临结合方案

12.2.1　永-临结合方案施工步骤

根据《道路交通标志和标线 第4部分:作业区》(GB 5768.4—2017)、《公路养护安全作业规程》(JTG H30—2015)、《高速公路改扩建交通工程及沿线设施设计细则》(JTG/T L80—2014)等,广韶高速改扩建工程施工作业控制区应按警告区、上游过渡区、缓冲区、工作区、下游过渡区和终止区的顺序依次布置。各区域安装规定应配备交通安全设施,在具体配置时应综合考虑安全性与经济性要求,采用永-临结合的施工方案,针对广韶高速采用的方案实施步骤介绍如下:

步骤一(图12-13):进行表面清理、削坡、挖台阶及正常填筑。全线维持双向六车道正常通行。本阶段利用现有标线护栏保通。

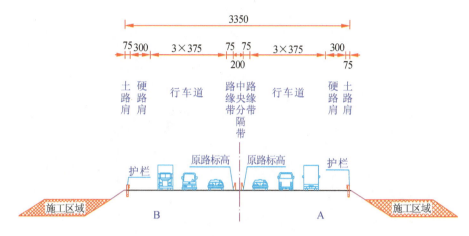

图 12-13　永久-临时安全设施结合施工步骤一

步骤二(图 12-14)：半幅路基拼接施工。拆除路侧护栏时，设置临时护栏。全线维持双向六车道通行。

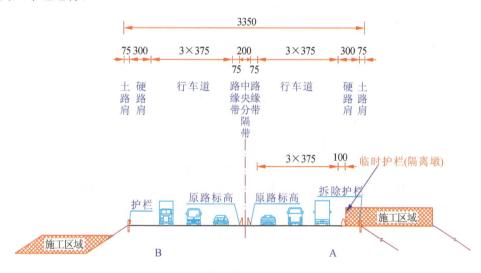

图 12-14　永久-临时安全设施结合施工步骤二

步骤三(图 12-15)：在步骤二施工末期考虑短暂封闭 A 幅最外侧车道，短时间保持五车道通行(半天左右)，对 A 幅最外侧车道边缘处进行清除，并按照步骤四的标线设置重新施画临时车道线。本阶段完成 A 幅最外侧永久护栏。

步骤四(图 12-16)：半幅封闭施工，另外半幅双向六车道通行。利用既有 3 条标线，其余标线采用临时标线，行车方向最外侧利用永久护栏和既有护栏，采用临时护栏(隔离墩)隔离对向车流。

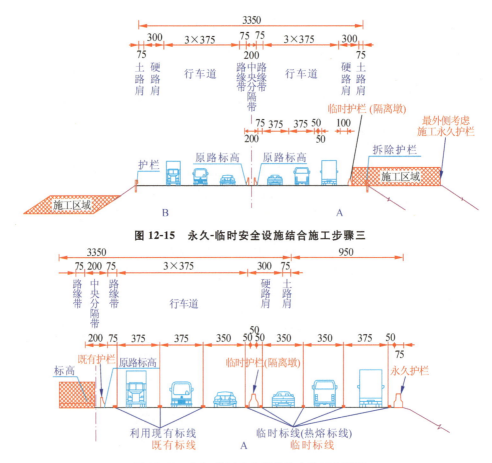

图 12-15 永久-临时安全设施结合施工步骤三

图 12-16 永久-临时安全设施结合施工步骤四

步骤五（图 12-17）：另外半幅封闭施工，半幅双向六车道通行。保通断面均采用易清除的临时标线，行车方向最外侧利用施工完成的永久护栏，对向车流仍采用临时护栏（隔离墩）进行隔离。

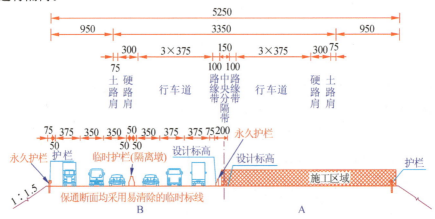

图 12-17 永久-临时安全设施结合施工步骤五

步骤六(图 12-18)：对 B 幅内侧两个车道的临时标线进行清除,施画永久标线。除 B 幅采用临时护栏(隔离墩)隔离施工区和行车区,其余均为永久护栏。

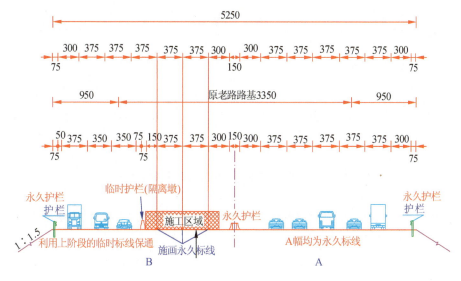

图 12-18　永久-临时安全设施结合施工步骤六

步骤七(图 12-19)：封闭 B 幅外侧车道,B 幅短时间(1 d 左右)单向两车道通行,对 B 幅外侧临时标线进行清除,施画 B 幅外侧永久标线。采用临时护栏隔离施工区和行车区。

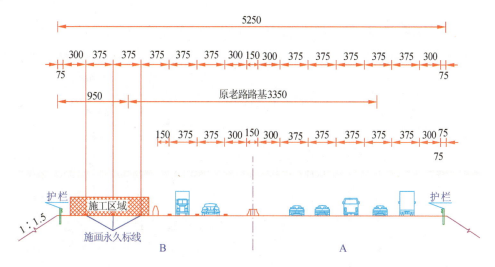

图 12-19　永久-临时安全设施结合施工步骤七

步骤八(图 12-20)：双向十车道通行,全断面开放交通。

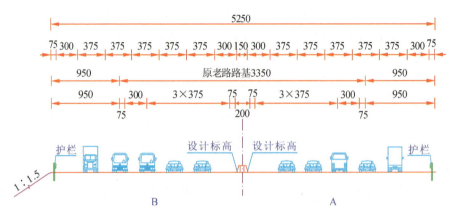

图 12-20　永久-临时安全设施结合施工步骤八

12.2.2　永-临结合护栏

12.2.2.1　永-临结合护栏工程实例

(1)开阳高速改扩建项目

开阳高速改扩建项目永-临结合护栏设计方案针对对向车流中间隔离防护采用了双排的混凝土隔离墩,其宽度为 91.1 cm 或 98.6 cm;针对桥梁路段的路侧隔离防护采用了薄壁型混凝土隔离墩,薄壁型混凝土隔离墩厚度为 32.5 cm 或 40.0 cm,为提高防护能力,在隔离墩背部设置了支撑,整体安装厚度为 62.5 cm 或 70.0 cm,如图 12-21 所示。

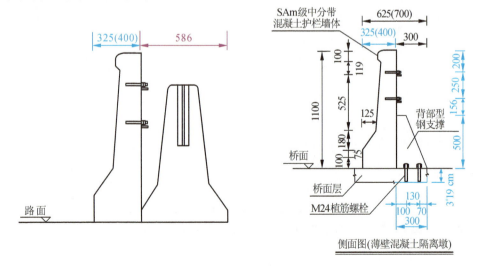

图 12-21　开阳高速改扩建项目设置的隔离墩

（2）深汕西改扩建项目

深汕西高速改扩建项目采用了常规混凝土隔离墩，其厚度为 50.3 cm，如图 12-22 所示，其结构设计见图 12-23。

图 12-22　深汕西高速改扩建项目采用的水泥隔离墩

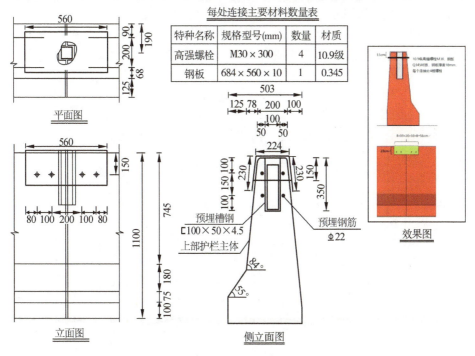

每处连接主要材料数量表

特种名称	规格型号(mm)	数量	材质
高强螺栓	M30 × 300	4	10.9级
钢板	684 × 560 × 10	1	0.345

图 12-23　深汕西高速改扩建项目水泥隔离墩设计图

12.2.2.2　永-临结合护栏方案

（1）中央分隔带永-临结合护栏总体功能需求

结合《高速公路改扩建交通组织设计规范》(JTG/T 3392—2022)相关规定，综合考虑经济效益及施工便利性等因素，中央分隔带永-临结合护栏需满足安全防护功能、重复利用功能、耐久功能、附属功能等。

①安全防护功能:作为路基段临时护栏使用时,分隔双向车流且提供双侧安全防护功能,当保通设计速度为 80 km/h 时,普通路段邻近作业区的临时护栏防护等级不宜低于三(A)级;作为中央分隔带永久护栏,无种植土条件下,防护等级达到五(SAm)级。

②重复利用功能:桥梁段和路基段施工区临时护栏可重复利用;施工完成后,可就地利用完成路基段中央分隔带永久护栏设置。

③耐久功能:护栏预制块中采用玻璃纤维筋代替钢筋,实现混凝土护栏的耐腐蚀性及经济性。

④附属功能:临时护栏时,安装连接简便、路面排水和防眩;中央分隔带永久护栏实现无种植土条件下与通信管线、排水、防眩和防抛洒协调设计。

(2)永-临结合防护护栏形式

广韶高速设计速度为 100 km/h,整体式路基中央分隔带宽 1.5 m,中央分隔带永久混凝土护栏主要考虑国标 F 型分设型混凝土护栏、整体式混凝土护栏以及广东省交通运输厅推广的中央分隔带薄壁底宽 32.5 m 混凝土护栏。

方案一:F 型和单坡型分设型混凝土护栏永-临结合方案

结合《公路交通安全设施设计细则》(JTG/T D81—2017)相关规定,护栏一边迎撞面为 F 型护栏,另一边迎撞面为单坡型护栏,中央分隔带永久护栏设置形式如图 12-24 所示。

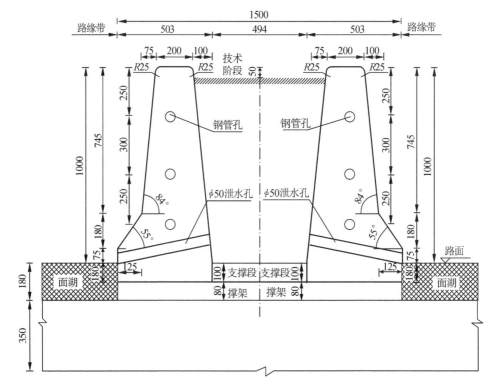

图 12-24 中央分隔带混凝土护栏断面图

永久护栏结构采用护栏预制块 4 m 一节,墙体高度 110 cm、底宽 50 cm、顶宽 20 cm。迎撞面为 F 型坡面,背面为单坡型;纵向连接采用预埋 C 型槽钢,以工字钢连接。永-临结合实施方案如图 12-25 所示。

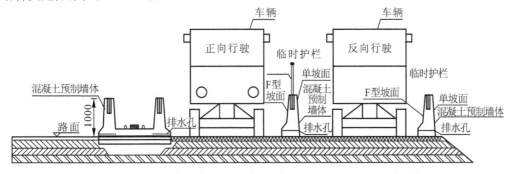

图 12-25　永-临结合护栏施工方案一

永久护栏与临时护栏结合方式:施工期将混凝土护栏预制块平摆浮搁于路面作为施工区临时护栏使用,待施工完成后将其就地移至中央分隔带组装形成永久护栏,兼顾中央分隔带通信管线、排水、防眩和防抛洒设施设置。混凝土护栏作为临时隔离设施时无须进行横向连接,施工完成后就地移至中央分隔带,无须对原路面进行修复,极大地提高了施工的便利性。

采用计算机仿真分析的方法,按照《公路护栏安全性能评价标准》(JTG B05-01—2013)规定的三(A)级碰撞条件,采用小型客车、中型客车对方案一临时混凝土护栏结构进行安全性能仿真分析。分析结果表明,小型客车、中型客车碰撞临时混凝土护栏正面及反面仿真结果均满足规定的三(A)级指标要求。

方案二:中央分隔带整体式混凝土护栏永-临结合方案

根据《公路交通安全设施设计细则》(JTG/T D81—2017)相关规定,设计速度 120 km/h 的高速公路中央分隔带宽度小于 2.5 m,混凝土护栏采用整体式混凝土护栏时,防撞等级需达到 SS 级,广韶高速整体式中央分隔带永久护栏设置形式如图 12-26 所示。

图 12-26　中央分隔带永久护栏

永久护栏结构采用护栏预制块 4 m 一节;墙体高度 110 cm、底宽 62.8 cm、顶宽 20 cm。迎撞面为 F 型坡面,背面为 F 型坡面;纵向连接采用工字钢连接。永-临结合实施方案如图 12-27 所示。

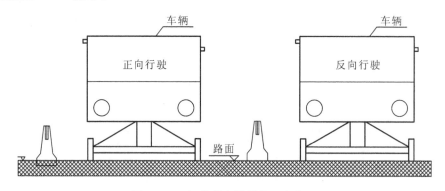

图 12-27　永-临结合护栏施工方案二

永久护栏与临时护栏结合方式:施工期将混凝土护栏预制块平摆浮搁于路面作为施工区临时护栏使用,待施工完成后将其就地移至中央分隔带组装形成永久护栏。混凝土护栏作为临时隔离设施时无须进行横向连接,施工完成后就地移至中央分隔带,无须对原路面进行修复,极大地提高了施工的便利性。但整体式护栏作为广韶高速中央分隔带永久护栏使用时,若遇中央分隔带有障碍物的情况,需将护栏断开,影响全线防护效果。

采用计算机仿真分析的方法,按照《公路护栏安全性能评价标准》(JTG B05-01—2013)规定的三(A)级碰撞条件,采用小型客车、中型客车、整体式货车对本方案临时混凝土护栏结构进行安全性能仿真分析。分析结果表明,大型车辆碰撞临时混凝土护栏后护栏断开,虽然仿真结果满足规定的三(A)级指标要求,但需要优化纵向连接,加强端部锚固。

方案三:广东省交通运输厅推广的中央分隔带底宽 32.5 m 混凝土护栏。

根据广东省交通运输厅于 2015 年 8 月 9 日发布的《广东省交通运输厅关于发布实施广东省高速公路整体式路基中央分隔带 SAM 级混凝土护栏参考图的通知》(粤交基〔2015〕956 号文件),广韶高速中央分隔带永久混凝土护栏可采用底宽为 32.5 m 的分设型双排 F 型混凝土护栏,护栏防撞等级为 SA 级。永久中央分隔带护栏结构形式如图 12-28 所示。

永久护栏结构采用护栏预制块 4 m 一节,墙体高度 110 cm、单片底宽 32.5 cm、顶宽 14.5 cm。迎撞面为 F 型坡面;护栏墙体采用嵌固方式,护栏纵向之间采用型钢连接。永-临结合实施方案如图 12-29 所示。

永久-临时护栏结合方式:施工期将双片混凝土护栏预制块平摆浮搁于路面作为施工区临时护栏使用,纵向连接与横向连接均采用槽钢形式,端部锚固,待施工完成后将其就地移至中央分隔带组装形成永久护栏。混凝土护栏作为临时隔离设施时需进行横向连

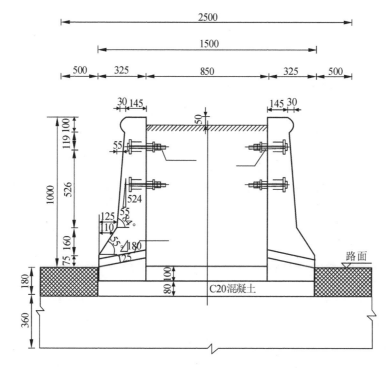

图 12-28　永久中央分隔带护栏结构形式

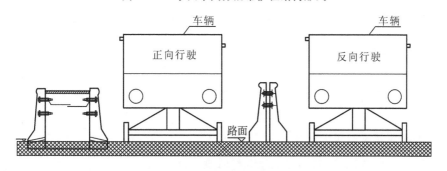

图 12-29　永-临结合护栏施工方案三

接,施工完成后就地移至中央分隔带,无须对原路面进行修复,施工相对便利。此薄壁护栏作为中央分隔带永久护栏使用时,若遇中央分隔带有障碍物的情况,预留 85 cm 实施空间,护栏无须断开,全线防护效果良好。

采用计算机仿真分析的方法,按照《公路护栏安全性能评价标准》(JTG B05-01—2013)规定的四(SB)级碰撞条件,采用小型客车、中型客车、整体式货车对双片连接临时混凝土护栏结构进行安全性能仿真分析。分析结果表明,小型客车、中型客车、整体式货车碰撞方案临时混凝土护栏仿真结果均满足规定的四(SB)级指标要求。

本节介绍了三种永-临结合护栏,其施工性及防护能力指标参数对比如表 12-1 所示。

表 12-1　永-临结合护栏指标参数对比

作为临时护栏对比项目	方案一	方案二	方案三
临时隔离防护能力(基于仿真模拟)	三(A)级	三(A)级	四(SB)级
临时物理隔离设施宽度	50.3 cm	62.8 cm	65 cm
施工便利性	便利	便利	相对便利
项目适用性	适应	不适应	一般适应
结论	推荐	不推荐	一般推荐

结合广韶高速临时物理隔离考虑预制混凝土墙体保通形式,由表 12-1 可知,方案一 F 型和单坡型分设型混凝土护栏永-临结合方案适用于广韶高速的改扩建施工建设。

12.3　机电设备门架拆装

在高速公路改扩建过程中,原路段安装的交通安全及计费的机电设备门架包括交通安全检测设备门架、机电外场设备门架、ETC 门架等,需要拆除和重装。本节主要介绍广韶高速改扩建项目的机电设备门架的拆除与安装方案。

12.3.1　机电设备门架拆除原则

在高速公路改扩建工程施工期间,机电设备门架的拆除与安装应遵循以下原则:
①减少对正常通行车辆的影响;
②按照广韶高速《小区间代收费实施方案》,改扩建期间 ETC 门架可以拆除,不影响正常收费;
③优先选择在半幅封闭时施工;
④需要在通车时拆除的,选在交通低峰时段进行;
⑤路侧和中央分隔带立柱可分阶段拆除。

12.3.2　机电设备门架拆装方案

结合广韶高速交通组织方案,机电设备门架拆装方案介绍如下:
第一阶段(图 12-30):原有土路肩波形梁护栏维持现状,从土路肩边缘开始进行清表、削坡、挖台阶及正常填筑。施工期间主线维持双向六车道通车,机电门架设置维持现状。

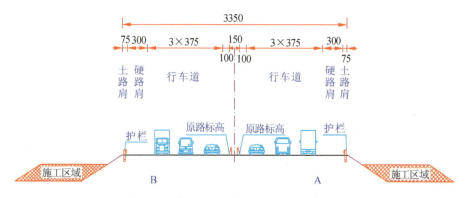

图 12-30　机电设备拆装施工第一阶段方案

第二阶段（图 12-31）：路侧路基拼宽，保持双向六车道正常通行并切除硬路肩（部分路段不切除硬路肩），两侧路面拼宽部分施工至上面层；敷设通信设施、完善道路排水防护设施，同时需要完成路侧永久护栏及路侧标志等设施施工。全线维持双向六车道通行，车辆在原有路面上限速双向行驶。

拆除 A 幅道路交安、机电门架路侧立柱及上部横梁、设备，中央分隔带立柱可暂不拆除。对于拆除的交安门架，配合设置临时指路标志。B 幅道路交安、机电门架维持现状。

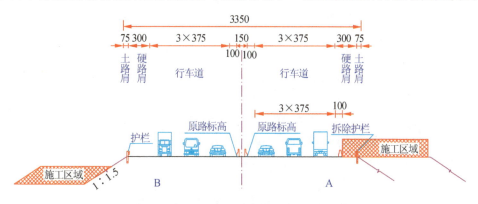

图 12-31　机电设备拆装施工第二阶段方案

第三阶段（图 12-32）：封闭道路 B 半幅，将交通转移至道路加宽的 A 半幅通车。施工期间 A 半幅维持双向六车道通行。对 B 半幅路面施工，完成新旧路面衔接及加铺罩面。

拆除 B 幅道路交安、机电门架，并新建永久交安、机电外场设备门架和 ETC 门架。

第四阶段（图 12-33）：在 B 半幅道路施工完毕，相应的交通标志、标线、护栏等均施工结束后，将原 A 半幅路面上双向行驶的交通量转移到新建的 B 半幅道路上。封闭道路 A 半幅，进行路面面层修补罩面施工，将旧路面与新铺路面进行接缝处理。施工期间，B 半幅维持双向六车道通行。

拆除 A 幅道路交安、机电外场设备门架和 ETC 门架中央分隔带立柱，并新建永久交安、机电外场设备门架和 ETC 门架。

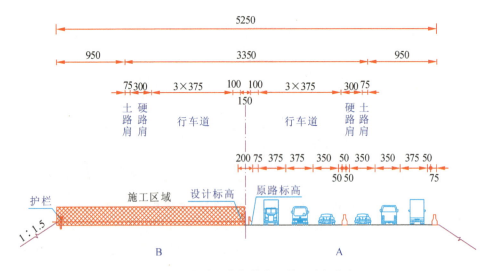

图 12-32　机电设备拆装施工第三阶段方案

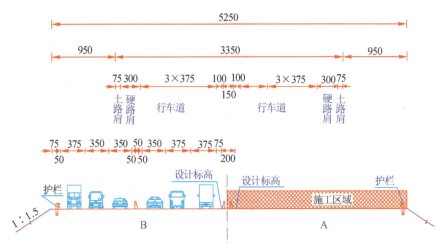

图 12-33　机电设备拆装施工第四阶段方案

第五阶段(图 12-34)：完成剩余附属设施施工，全断面开放交通，双向十车道通行。

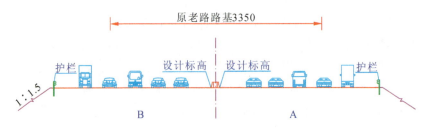

图 12-34　机电设备拆装施工第五阶段方案

12.4　本章小结

本章提出改扩建施工期间临时交通安全设施方案,并针对改扩建施工期间的永-临结合方案、永-临结合护栏和门架拆除等重难点问题开展研究。针对永-临结合方案,结合施工期分阶段交通组织,提出交通安全设施的永-临结合方案。针对永-临结合护栏方案,首先调研分析国内改扩建项目的永-临结合护栏工程实例,接下来在满足中央分隔带永-临结合护栏总体功能需求的基础上,提出多个永-临结合护栏方案,从防护等级、施工便利性、造价等多个方面进行对比分析,提出推荐的永-临结合护栏方案。根据高速公路改扩建项目的要求,首先结合改扩建工程的特点提出机电设备门架拆除原则,接下来结合项目的交通组织各实施阶段的要求,提出机电设备门架拆除与安装方案。

参考文献

[1] RICHARDS S H,DUDEK C L. Field Evaluation of Traffic Management Strategies for Maintenance Operations in Freeway Middle Lanes[J]. Transportation Research Record,1979,703:31-36.

[2] DUDEK C L, RICHARDS S H. Traffic Capacity Through Urban Freeway Work Zones in Texas [J]. Transportation Research Record,1982,869:15-18.

[3] http://tti.tamu.edu/product/index.asp? action=submit[EB/OL].

[4] CHIEN S,SCHONFELD P. Optimal Work Zone Lengths for Two-lane Highways[J]. Transp. Eng.,2001,127(2):124-131.

[5] JIANG Y. Dynamic Prediction of Traffic Flow and Congestion at Freeway Work Zone [C]// The 78th Annual Meeting Transportation Research Board,Washington D. C.,revised. 1999.

[6] Minnesota Department of Transportation. Temporary Traffic Control Zone Layout Field Manual [S]. Minnesota,USA,2001.

[7] KIM T,LOVELL D J,PARACHA J. A New Methodology to Estimate Capacity for Freeway Work Zone[C]//Transportation Research Board Annual Meeting,Washington D. C.,2001:1124-1137.

[8] AHMED AL-KAISY,FRED HALL. Guidelines for Estimating Freeway Capacity at Long-Term Reconstruction Zones [M/OL]. Preprints of the Transportation Research Board 81th Annual Meeting,Washington D. C.,2002.

[9] Federal Highway Administration. Manual on Uniform Traffic Control Devices for streets and highways(MUTCD)[S]. U. S. Department of Transportation,Washington D. C.,2003.

[10] KIM T,LOVELL D J,PARACHA J. A New Methodology to Estimate Capacity for Freeway Work Zones[C]// Transportation Research Board Annual Meeting, Washington D. C.,2001:22-23.

[11] 吴新开,吴兵.高速公路养护维修作业区行车速度控制方法探讨[J].公路,2004,7(7):132-137.

[12] 张丰焰,周伟,王元庆,等.高速公路改扩建工程交通组织设计探讨[J].公路,2006,1(1):109-113.

[13] 冯道祥.连霍高速公路郑州段改建工程保通方案研究[D].南京:东南大学,2006.

[14] 曲向进.沈大高速公路改扩建工程技术方案研究[D].大连:大连理工大学,2003:3-7.

[15] 龚万斌,曹志林,陈树杰.沪宁高速扩建丹阳互通工程交通组织方案[J].西部探矿工程,2005,17(B07):358-359.

[16] 周茂松,吴兵,盖松雪.高速公路养护维修作业区通行能力影响因素的微观仿真研究[J].交通与计算机,2004,22(6):54-57.

[17] 冯超铭.高速公路施工作业区的安全管理[J].广东交通职业技术学院学报.2004(1):40-42.

[18] 李永义.高速公路施工路段交通组织方案设计与评价研究[D].南京:东南大学,2006.

[19] 何小洲,过秀成,吴平,等.高速公路施工区交通特性分析[J].公路,2005(12):111-115.

[20] 李硕,谌志强.高速公路加宽扩建中临时交通标志设计[J].交通科技,2006(5):77-79.

[21] 罗涛,雷艺为.开阳高速公路改扩建工程——涉路施工临时安全设施优化设置方案研究[J].交通科技与管理,2022(1):4.

[22] 季托,周颖,吕能超.多车道高速公路分流交织区交通流特性与交通组织策略[J].交通信息与安全,2021,39(2):126-136.

[23] 叶轩宇,陈亚振,陈晨.高速公路改扩建双向四车道保通交通组织研究[J].江西公路科技,2019(3):55-58.

[24] 王剑,陈亚振,刘晓菲,等.高速公路改扩建施工作业区交通标志设置及优化研究[J].公路交通科技:应用技术版,2016,12(10):208-210.

[25] 胡彦杰.以标准化推动高速公路改扩建工程技术进步[J].工程建设标准化,2015(5):18.

[26] 陈亚振,周颖,吕能超,等.改扩建高速公路中央分隔带封闭区交通标志适用性评价研究[J].交通信息与安全,2015,33(1):79-84.